SOCIOLOGÍA JURÍDICA Y POLÍTICA N.º 4

NORMAS JURÍDICAS Y ACCIÓN SOCIAL
HOMENAJE AL PROFESOR VINCENZO FERRARI

Normas jurídicas y acción social

Homenaje al profesor Vincenzo Ferrari

Universidad Externado de Colombia
Facultad de Derecho
Doctorado

Normas jurídicas y acción social : homenaje al profesor Vincenzo Ferrari / Gonzalo Cataño, Vincenzo Ferrari, Ángela Buitrago ; saludo, Hernando Parra Nieto. -- Bogotá : Universidad Externado de Colombia. Facultad de Derecho. Doctorado, 2024. -- Primera edición.
138 páginas : fotografías. (Sociología jurídica y política ; 4)

Incluye referencias bibliográficas (páginas 91-138)

ISBN: 9789585061200 (impreso) 9789585061217 (e-book)

1. Ferrari, Vincenzo, 1940- -- Homenajes. Ferrari, Vincenzo, 1940- -- Pensamiento jurídico. Treves, Renato, 1907-1992 -- Pensamiento jurídico. Derecho y sociedad. Filosofía del derecho. Leyes -- Aspectos sociales. Jurisprudencia -- Aspectos sociales I. Universidad Externado de Colombia II. Título III. Serie .

340.1 SCDD 15

Catalogación en la fuente -- Universidad Externado de Colombia. Biblioteca. ERZ.

agosto de 2024

ISBN: 978-958-506-120-0
e-ISBN: 978-958-506-121-7

Calle 12 n.º 1-17 este, Bogotá
Teléfono (+57) 601 342 0288
publicaciones@uexternado.edu.co
www.uexternado.edu.co

Primera edición: agosto de 2024

Diseño de cubierta: Departamento de Publicaciones
Corrección de estilo: José Ignacio Curcio Penen
Composición: Álvaro Rodríguez

Contenido

Introducción 9
Gonzalo Cataño

Saludo al profesor Vincenzo Ferrari 15
Hernando Parra Nieto

Crisis del sistema jurídico contemporáneo 21
Vincenzo Ferrari

Vincenzo Ferrari sociólogo del derecho 41
Gonzalo Cataño

El profesor Vincenzo Ferrari: un elogio 57
Ángela Buitrago

Reflexionando sobre Renato Treves y su tiempo 61
Vincenzo Ferrari

Bibliografía de Vincenzo Ferrari 91

Introducción

El presente opúsculo reúne los trabajos leídos el 15 de agosto de 2023 con ocasión de la entrega del grado *Honoris Causa* al profesor Vincenzo Ferrari por parte de la Universidad Externado de Colombia. El profesor Ferrari ha sido docente de esta Casa de Estudios por más de veinte años y en ella ha difundido sus libros más representativos en el campo de la sociología del derecho: *Funciones del derecho* y *Derecho y sociedad*. En medio de estas tareas ha orientado a estudiantes, mentores e investigadores sobre los vínculos derecho-sociedad. Ha mostrado cómo la sociedad modela el derecho y cómo éste, una vez entronizado en la vida cotidiana de los grupos, termina orientando la conducta de sus miembros. Es ente que no se ve pero entidad que se siente y palpa. Garantiza acuerdos, impone deberes, resuelve conflictos, alienta la justicia, frena los cambios y en ocasiones surge impetuosamente como agente de transformación social. Es un vástago de la sociedad capaz de volcarse sobre ella hasta convertirse en un elemento más de su estructura. Pero también puede ser superado por las demandas sociales hasta perder aceptación y reconocimiento en la mente de los que originalmente intentaba regir y orientar.

Es lo que señaló Ferrari al recibir la distinción *Honoris Causa*. Allí apuntó que el sistema jurídico contemporáneo atraviesa una severa crisis, crisis que se manifiesta en una pérdida de legitimidad de las normas como medio de regulación. Ello ha creado –a su juicio–un clima anómico, un descreimiento ante las reglas que ayer gobernaban con regularidad consentida la interacción social. Ya el ciudadano corriente no le confiere legalidad a una parte significativa del sistema jurídico. Observa que los procesos son lentos y costosos, que la justicia se ve amañada y que los tribunales se encuentran confinados a procedimientos tediosos que agotan la paciencia de los que buscan una solución efectiva a sus demandas. Los juzgados se ven rebasados por los crecientes procesos en curso, animando con sus dilaciones sin término la *vendetta* y la justicia por mano propia. Pero también sucede que la sociedad está cambiando aceleradamente y que el organismo judicial se ha ido quedado atrás. El mundo de las drogas y del comercio ilícito han creado un escenario de movilidad social y de posibilidades de éxito rápido desconocido en el pasado. A ello se ha sumado la inestabilidad en el mercado de trabajo, situación que ha dado lugar a un escenario de apatía y duda ante las legislaciones que en el pasado reciente amparaban al obrero. El Estado de bienestar ha perdido presencia y el trabajador se siente indefenso frente a un futuro incierto. Las leyes protectoras se han extraviado y los caminos a seguir no son claros. ¡Un sálvese quien pueda! La criminalidad organizada ha rebasado los códigos penales y las conductas desviadas son consideradas por los jóvenes como mecanismos legítimos y recursos válidos de sobrevivencia en un entorno cerrado de posibilidades de adelanto y mejora. A estas dinámicas se suman las oleadas de migrantes de los países pobres hacia las naciones ricas, aglomeraciones de hombres, mujeres y niños con idiomas y experiencias sociales y culturales encontradas que recuerdan las hordas del norte que sofocaron el continente europeo anunciando las postrimerías del Imperio Romano.

El homenaje a Ferrari sirvió, además, para exaltar el nombre de Renato Treves (1907-1992), el profesor de Ferrari y figura central en la afirmación de la sociología del derecho en Italia. Treves, compañero de generación y amigo cercano del inolvidable Norberto Bobbio, fue un pensador tan italiano como latinoamericano. En su confinamiento argentino en el periodo fascista se hizo sociólogo y lo que aprendió en la nación austral lo desarrolló tiempo después en su país. Fue el pensador que naturalizó la moderna sociología del derecho en la tierra de Pareto, Mosca y Croce y uno de los académicos que más contribuyó a la recepción de la obra de Hans Kelsen en los medios italianos. El comprensivo ensayo que Ferrari le dedica a su mentor, reproducido en este opúsculo, ofrece un trazo de sus aportes teóricos y de sus notables contribuciones empíricas.

Los materiales de este pequeño volumen alientan el examen de la obra de Vincenzo Ferrari. En variedad de libros y ensayos registrados en su jugosa bibliografía, ha estado discutiendo año tras años el contenido y alcance de la sociología del derecho sin descuidar sus aplicaciones y sus eventuales limitaciones. Ferrari es consciente de que una manera de ver es también una manera de no ver; el énfasis en un aspecto del objeto de estudio puede dejar de lado otros igualmente significativos de su constitución. Sabe que la sociología no agota el conocimiento del derecho, dimensión de la cultura portadora de múltiples caras, pero no duda que es ciencia que lo enriquece y amplía al revelar sus funciones en la sociedad.

Gonzalo Cataño

Profesor
Vincenzo Ferrari

Saludo al profesor Vincenzo Ferrari

A todas y todos los presentes, muy buenos días.

Como Rector de la Universidad Externado de Colombia dispenso a cada uno de los presentes una cordial y fraternal bienvenida a esta centenaria Casa de Estudios. De manera especial, extiendo un afable saludo a su excelencia, Gherardo Amaduzzi, embajador de Italia en Colombia; al Dr. Alfonso Gómez Méndez, antiguo fiscal y procurador general de la Nación, ministro de Justicia y embajador, y actual profesor de nuestra universidad; a los miembros de la mesa directiva; al profesor Vincenzo Ferrari, causa prístina de este solemne acto; a la doctora Emilssen González de Cancino, decana de nuestra Facultad de Derecho; al doctor Gonzalo Cataño, profesor e investigador emérito de esta universidad, y a la doctora Ángela María Buitrago, profesora del Departamento de Derecho Penal de esta Casa de Estudios candidata a Fiscal General de la Nación y actual Ministra de Justicia. Así mismo, saludo muy especialmente a la familia del profesor Ferrari, impulso constante y copartícipes de este reconocimiento, quienes nos acompañan de manera remota. A los miembros del Consejo Directivo de nuestra universidad; a las decanas y decanos; a los profesores, estudiantes y equipo del doctorado en Derecho, así como a los demás asistentes e invitados de la comunidad académica que nos acompañan en este solemne encuentro.

Questo è un giorno particularmente felice per l'Externado, por cuanto, con el beneplácito total de cada uno de sus miembros, ha decido honrar de manera especial la significativa vida y obra de un jurista y profesor que nuestro rector, el maestro Fernando Hinestrosa, denominó Honorario de esta Casa de Estudios: Vincenzo Ferrari.

Nació el 16 de diciembre de 1940 en el bello municipio de Colleferro, a las puertas de Roma, en el Valle del Sacco, parte del área metropolitana de la capital de Italia, orgullo económico de la nación, en donde desde tiempos del paleolítico se mimetiza la historia antigua con el amplio desarrollo industrial. Los Montes Lepinos adornan su paisaje y en él se asientan bellas iglesias, famosas por su arquitectura racionalista, como las de San Benedicto, San Gioacchino la más antigua, y Santa Bárbara, cuya fachada representa los arcos que evocan el antiguo castillo, y que alberga en su interior el potente, colorido y efusivo mosaico de la patrona de la ciudad que refleja el fuego y la luz de la dinamita, elemento anclado a la historia de este pueblo.

El profesor Ferrari forjó su carácter de la mano de grandes maestros, sus abuelos y padres y, por qué no, de la vida misma, que se erige como la Maestra por antonomasia, y que le forzó a salir a muy temprana edad de su ciudad natal. Hasta los doce años vivió con su madre y sus abuelos en Noli, Liguria, al norte de Italia, ciudad que lo acogió y a la que considera su "pequeña patria perdida".

Desde su juventud el profesor Ferrari se destacó como un prolífico estudiante, y en 1962 obtuvo su *laurea in giu-*

risprudenza con el puntaje más alto posible (110 sobre 110) en la Universidad de Milán, su Alma Máter, en la que treinta y ocho años más tarde, merced a su devoción, fue decano de la Facultad de Derecho. Su trabajo de grado se centró en el estudio del Derecho Procesal Civil, el cual discutió con el profesor Enrico Tullio Liebman, decano de la Facultad en ese entonces. No obstante, los aspectos de su tesis no fueron impedimento para que en 1964 el profesor Renato Treves, patriarca de la sociología jurídica italiana, lo acogiera como su alumno y discípulo, fruto de lo cual en 1972 escribió *Successione per testamento e trasformazioni sociali*, que le permitió obtener en 1973 un puesto como profesor en la Universidad de Cagliari.

La buena fama que precede al profesor Vincenzo no solo es fruto de sus profundas reflexiones y escritos en materia de sociología jurídica, campo por lo demás imprescindible para la formación de verdaderos juristas y no simples operadores del derecho, sino también por su talante y personalidad, siempre sencilla, cordial y cálida, con un afecto natural por el otro y con la intención plena de servirle a la sociedad. El profesor Ferrari, nunca ha escatimado su tiempo y conocimiento para brindar a nuestra comunidad externadista su experiencia y sabiduría, privilegiándonos aun por encima de otros centros universitarios.

La hoja de vida del profesor Vincenzo se destaca por lo copiosa y por lo excelso de su contenido, aspecto que ratifica que esta valiosa oportunidad no es el escenario adecuado para enunciar la diversidad de cargos y dignidades que ha desempeñado con lustre a lo largo de su curso vital; sin embargo brevemente se puede mencionar que ha sido abogado litigante, profesor de múltiples universidades en su país y en el exterior, juez, miembro de organizaciones internacionales, asociaciones académicas, comités científicos y éticos, así como fundador del Instituto de Sociología Jurídica de Oñati, uno de los más reputados del mundo.

Por todo ello, y por sus incomparables calidades humanas, hoy nuestra centenaria Casa de Estudios le concede un título cuya causa es nada más y nada menos que el honor y el mérito. Ser Doctor es el más alto grado que una universidad puede conceder a una persona, el cual implica un esfuerzo investigativo, académico y personal sin precedentes a lo largo de varios años. No obstante, la naturaleza de un *Doctorado Honoris Causa* no es, *per se*, la realización de un *cursus* académico al interior de una universidad.

Entonces, ¿por qué alguien sería acreedor a esta distinción y dignidad? Sencillamente porque la vida, obra y aportes de la persona a la cual se va a reconocer otorgándole el título, es, en demasía, superior a la de cualquier producto académico o investigativo que se pueda elaborar.

Profesor Ferrari, por sus excepcionales méritos académicos y personales se ha hecho acreedor de tal distinción. Desde que nuestros lazos se unieron en 1997, la generosidad con la que ha hospedado y acogido a innumerables generaciones de estudiantes externadistas, tiene amplio reconocimiento por no tener comparación. Gracias, profesor, por cuidar a los nuestros en el exterior como si fueran suyos, es usted un ejemplo y paradigma, tanto de la Sociología Jurídica, como de la vida.

Congratulazioni Professor Ferrari, per l'Externado, conferire questo titolo a un libero pensatore, rappresenta un momento speciale nella storia della nostra Casa di Studi.

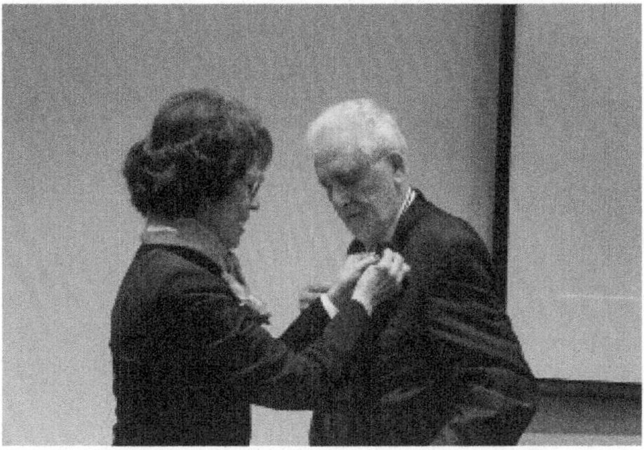

Crisis del sistema jurídico contemporáneo

Vincenzo Ferrari

Excelentísimo señor Rector, señora Decana de la Facultad de Derecho, queridas colegas y queridos colegas doctores, personal administrativo y estudiantes, quiero ante todo manifestar mi profunda gratitud por el grande honor que habéis decidido hacerme confiriéndome el doctorado *honoris causa* de la prestigiosa Universidad Externado de Colombia. Es una alta distinción que acepto con timidez, pero con total consciencia de su valor, al tratarse del título de una institución académica de gran tradición y renombre internacional por el rigor de sus estudios y por las huellas profundas que a lo largo de sus 137 años de vida ha dejado en la cultura y en la sociedad colombiana. Desde el primer año (1996) en el cual os visité por primera vez y durante los siguientes veinte y seis años en los cuales tuve la oportunidad de dar clase en el programa de doctorado en derecho he tenido el privilegio de experimentar tal calidad. Mi estancia aquí siempre se ha convertido en una fuente de reflexión y aprendizaje, siendo esta la tarea prioritaria de un estudioso. Mi deuda con el Externado es grande y sus raíces –nunca lo olvidaré–

corresponden en gran medida a la relación amistosa que tuve con el rector Fernando Hinestrosa, jurista insigne experto en la cultura jurídica italiana, gran espíritu laico, quien me acogió con generosidad, quiso nombrarme profesor honorario, proponiendo además la publicación de varias de mis obras en castellano.

Expondré aquí unas reflexiones sobre la crisis del sistema jurídico, así dicho "moderno" por sus raíces en la Ilustración: una crisis que paulatinamente se ha convertido en la duda de que no sólo tal sistema, que es históricamente uno entre otros, sino el propio derecho esté perdiendo su legitimación como medio prioritario de regulación de las relaciones humanas, y la sociedad, por consiguiente, se esté encaminando hacia una condición de anomia, de la cual sería difícil salir. Es una sensación difusa, en mi país. Un destacado civilista como Natalino Irti habló años atrás de "nihilismo jurídico" frente al universo caótico de normas que nacen de opciones políticas casuales sin un diseño común que las reúna en torno a principios claros, y, un sociólogo del derecho como Morris Ghezzi, retomando el mismo concepto de nihilismo, lo radicalizó hasta definir el derecho actual como un "hecho estético", dependiente de las opciones caprichosas de cada ser humano. Dicho con las palabras del neo-funcionalismo sociológico, parece que la complejidad social es tan alta y la contingencia tan imprevisible que no sólo el derecho manifiesta su incapacidad de reducir la una y estabilizar la otra llevando a congruencia las expectativas sociales –lo que sería, según Niklas Luhmann, su función esencial– sino él mismo, como subsistema social, acabe haciendo aumentar ambas, complejidad y contingencia, difundiendo de tal manera el desconcierto social.

No hablo, obviamente, de las miles y miles acciones e interacciones sociales que se desarrollan cada día según modelos jurídicos que valen bajo cualquier cielo, quiero decir que nos enfrentamos siempre más, yo creo, con algunos problemas sociales de gran alcance que parecen abrumar la capacidad de solución de los sistemas jurídicos.

Siempre pienso en el ejemplo de la criminalidad transnacional, frente a la cual es evidente la desproporción entre la dimensión del fenómeno y la debilidad del derecho oficial de someterlo a un control cualquiera. Por un dólar recuperado a través de acciones penales agobiantes y peligrosas, miles y miles de dólares circulan libremente en los mercados, "limpiados", alimentando inversiones que, a su vez, distribuyen riquezas enormes dentro de unas élites sociales, agravando la ya agudísima estratificación social a nivel mundial. Por supuesto, la estratificación social no sólo es producto de conductas criminales de gran alcance, como el narcotráfico o el comercio de órganos, en mucha parte depende de la propia lógica de un sistema económico que ostenta ser "liberal", olvidando que el *laissez faire* del liberalismo económico no supone la total falta de reglas, como se ha pretendido con las políticas de *deregulation*. Sin embargo, el origen criminal de una enorme cantidad de interacciones económicas (entre el 1 y el 5 % del PIB en los distintos países: una de las máximas industrias mundiales) es algo que llama demasiado la atención para que se pueda ignorar.

Sus efectos son especialmente visibles a partir del nivel "micro" de naturaleza económica y sociológica. Una base social empobrecida se convierte en un campo de reclutamiento de adeptos de las organizaciones criminales, las cuales, no por casualidad, declaran rotundamente "ofrecer" oportunidades inesperadas a personas potencialmente desesperadas, sustituyendo así al Estado, si bien de manera paradójica, en su función de seguridad social. Eso aleja de las instituciones oficiales a muchedumbres de personas comprometidas con las conductas ilegales o, al opuesto, desanimadas frente a la incapacidad de las mismas instituciones de someter tales conductas a un control eficaz.

Se me podrá objetar que esto ha sido un caso corriente en la historia de la humanidad. Siempre se crearon, aprendieron y redistribuyeron en favor de nuevas élites riquezas enormes violando la ley oficial. Y sabemos que son decisiones jurídicas artificiales las que definen lo que es un crimen, tal vez con medidas irracionales que lo coinvierten en una oportunidad económica, así como sabemos que las organizaciones criminales serían ellas mismas instituciones jurídicas, como teorizaba en Italia el gran constitucionalista Santi Romano, a principios del siglo XX. Las fronteras entre legalidad e ilegalidad siempre han sido inciertas y dependientes de puntos de vista. Sin embargo, tales objeciones no cancelan el sentido de una distancia enorme, en un marco de tal importancia, entre la palabra de la ley y la dimensión de su ineficacia.

El ejemplo de la parálisis de los sistemas jurídicos oficiales frente a la devastación del medioambiente es quizá aún más significativo, precisamente por ser una novedad en la historia humana. Sabemos desde hace más de medio siglo que existen límites al desarrollo que se hacen cada vez más estrechos. Conocemos los conflictos que se desencadenan en el marco ambiental por el disfrute masivo de recursos cada vez más escasos. Un experto escocés en glaciología, mundialmente conocido, me decía en 2007 que en siete años debíamos poner un freno al desarrollo sin control para no cruzar "el punto de no retorno". Ya se habían multiplicado en aquel tiempo leyes y tratados a nivel nacional e internacional. Desde entonces pasaron casi diez y siete años y, excepto por algunos éxitos locales (pienso por ejemplo en el fallo de la Corte Suprema de Colombia sobre el Río Atrato), el ritmo de explotación de recursos básicos no ha disminuido pese a las mencionadas medidas normativas y, paradójicamente, por causa de medidas contrapuestas, justificadas con teorías pretendidamente científicas que niegan lo que la ciencia ya comprobó con suficientes márgenes de certeza.

Por tanto, si una función intrínseca del derecho es ofrecer canales de interacción que sirvan para solucionar conflictos, esto es un ejemplo impresionante de su incumplimiento. Una vez más es evidente la discrepancia entre la palabra del derecho y lo que ocurre en la sociedad humana y en su entorno físico. La lógica económica prevalece sin más sobre la voluntad humana consagrada en las normas. De nuevo "micro" y "macro" se entrecruzan. La economía empresarial basada en el principio del máximo beneficio compatible con los costes tiene efectos de gran alcance. Los ahorros en el mantenimiento de la planta petrolera que estalló en 2010 en el Golfo de México provocaron de manera indirecta una contaminación enorme del océano hasta sugerir que la propia corriente del Golfo habría podido ser desviada. Y estos son ejemplos de *una* empresa y de *un* acontecimiento.

Miles de empresas multiplicarían los efectos negativos. Lo encontramos también cada día en otros campos como el laboral, por ejemplo en Europa, donde se ha gozado durante décadas de un bienestar social difuso y del régimen más desarrollado en el mundo de protección de los derechos de los trabajadores. A partir de los años noventa, con el desplazamiento de las grandes empresas hacia países donde la mano de obra era más barata y el sindicalismo menos organizado, aumentaron los niveles de desempleo y se produjo en poco tiempo una restricción de derechos ya establecidos, una gran pérdida de poder contractual de los sindicatos y una expansión sin control del trabajo negro que afecta incluso categorías tradicionalmente privilegiadas. Por conocerlo de cerca señalo el caso del periodismo en Italia, donde el número de contratos regulares de trabajo se ha reducido enormemente. Desde hace diez años no se renueva el acuerdo colectivo en el mundo de la prensa y el sueldo medio de un trabajador *free lance* está, por lo común, por debajo de lo que internacionalmente se define como "salario mínimo", es decir, un tratamiento inconstitucional.

Muy preocupante es la crisis constante de los sistemas de justicia, tanto en su eficacia como en su legitimación. Por un lado, ningún tipo de reforma parece capaz de acelerar los procedimientos civiles y penales sin comprometer la calidad y el contenido básico de justicia de las decisiones judiciales; por otro, la pluralidad de intereses en conflicto conlleva un sentimiento creciente de desconfianza hacia tales decisiones, cada vez más declaradamente rechazadas por una supuesta falta de legitimidad. Dicho fenómeno aparece de manera agudísima en los enfrentamientos entre el poder político y el poder judicial que influyen decisivamente en la opinión pública provocando cadenas de efectos sociales. Un amplio porcentaje de electores estadounidenses están convencidos de que Donald Trump es víctima de una persecución política llevada a cabo por los tribunales de justicia y, paradójicamente, un proceso o incluso una condena podrían facilitar su campaña electoral en lugar de frenarla.

Este problema depende, naturalmente, de la revolución de los medios de comunicación, la expansión ilimitada de mensajes de los cuales no es posible averiguar si son verdaderos o falsos, y, por tanto, de la multiplicación de distintas "realidades" más o menos artificiales. Eso es quizá inevitable, pero es un problema serísimo pues afecta el núcleo más profundo de los sistemas jurídicos "modernos" de los que estamos hablando. El propio Luhmann –siguiendo a Max Weber– señaló que un sistema jurídico goza de legitimación social si la mayoría acoge sus decisiones con espíritu cognitivo, es decir, aceptándolas aunque no gusten o provoquen decepción. Dicho con otras palabras: nos encontramos frente al vértice de la pirámide del sistema jurídico, la *Grundnorm* kelseniana, cuya base es el consenso social difuso en cada etapa histórica. A nadie debería escapar la gravedad del riesgo que se corre al comprometer este nivel de la organización jurídica de una sociedad.

No se puede negar que el éxito espectacular del pluralismo jurídico a nivel político, cultural y teorético, por una paradoja, ha contribuido a deslegitimar el derecho actual, el modelo jurídico de nuestros días.

Hace cincuenta años sólo se admitía que en el marco de un sistema jurídico existieran subsistemas semi-autónomos, como más tarde los definiría Gunther Teubner: una compañía mercantil, una región con poderes legislativos, una Iglesia nacional. El derecho aparecía como un sistema de círculos concéntricos, cada uno con fronteras porosas, excepto el más externo, correspondiente a la frontera rígida del Estado soberano. Sucesivamente, y con mucha resistencia cultural, en la línea de autores como Lev Petrażycki o Eugen Ehrlich, se acabó admitiendo que en el marco del Estado soberano convivieran grupos cuya autonomía fuera espontánea, anterior al reconocimiento estatal e, independiente de ello, en cuanto a los modelos esenciales de conducta observados por la mayoría de sus miembros. Aquí, para seguir con la metáfora, los círculos aparecían al mismo tiempo más cerrados al interior del super-círculo estatal y abiertos al exterior, por ejemplo, a grupos similares pertenecientes a otros Estados. La etapa siguiente del pluralismo jurídico puso en discusión esta visión, siempre centrada en el Estado. El reconocimiento de los derechos culturales en el marco del proceso de especificación de los derechos humanos abrió la puerta a un pluralismo fundado en los individuos antes que en los grupos y, entre los grupos, las minorías frente a las mayorías. Se admitió que un individuo puede pertenecer a distintos grupos, sin fronteras y, por tanto, a distintos sistemas jurídicos, y que grupos minoritarios puedan diferenciarse según sus propias opciones, hasta momentáneas, para gozar de derechos específicos, a menudo reclamados como no negociables por ser –precisamente– humanos, pre-políticos.

Si por un lado esta representación pluralista de la sociedad y de su derecho supuso un avance importante hacia el respeto de la persona humana y de sus libertades, entre ellas la de asociarse y desasociarse, por otro conllevó una multitud siempre más amplia de expectativas potencialmente en conflicto, una falta de consenso respecto de los métodos de solución y, más en general, un sentido de incertidumbre respecto de los modelos de acción en los cuales cada uno podrá inspirarse interactuando socialmente. Naturalmente, tal desconcierto no es igual en todos los lugares y sectores de acción. La certeza del derecho oficial varía a lo largo de una línea continua desde un máximo hacia un mínimo. En Suiza se supone que tiende hacia el máximo y en Italia hacia el mínimo, si consideramos que incluso el derecho procesal de mi país es fuente continua de problemas interpretativos sin solución fiable, traicionando así el principio liberal y democrático según el cual la legitimación se encuentra sobre todo en los procedimientos. Y hay, por supuesto, mecanismos de simplificación, especialmente en algunos sectores, como en el comercio internacional donde, sin embargo, parece prevalecer la ley del más fuerte, no siempre previsible.

En este contexto, que –como veremos– está sometido a una rápida evolución, se discute actualmente el tema de la regulación jurídica de la sociedad. Nos encontramos en una situación parecida a la que Cesare Beccaria describió en el prefacio de su famoso librito sobre los delitos y las penas:

> Algunos restos de leyes de un antiguo pueblo conquistador, recopiladas por orden de un príncipe que hace doce siglos reinaba en Constantinopla, mezcladas después con ritos lombardos y envueltas en farragosos volúmenes de privados y oscuros intérpretes, forman aquella tradición de opiniones que en una gran parte de Europa tiene todavía el nombre de leyes…

No importa si se trata de volúmenes de decisiones judiciales y no de opiniones de juristas, es una situación que tal vez hace pensar en el derecho recurriendo a la imagen física del agujero negro: el agujero de la anomia social que el propio derecho puede producir por ser complejo, incierto e ineficaz frente a problemas graves que afectan a la sociedad. Y estamos entonces, probablemente, en la víspera de una de aquellas revoluciones que, como describió Harold Berman en su *Law and Revolution*, se reproducen periódicamente en el marco del derecho como consecuencia de revoluciones sociales ya llevadas a cabo.

Entre los siglos XVII y XVIII la revolución modernista produjo aquella forma de derecho que Max Weber definió como "racional", en sus dos vertientes formal y material. La vertiente formal acabó prevaleciendo, sobre todo con la emanación de códigos en los sectores fundamentales del derecho civil, penal y procesal. Por su parte, la vertiente material, que con mucha aproximación puede asemejarse al caso del *common law*, sólo se aleja del modelo racional por insertar elementos éticos o prácticos en el proceso decisional jurídico, atenuando, cuando es necesario, el peso de la abstracción lógica que rige el razonamiento jurídico formal.

Sabemos que se entiende por racionalidad la correlación entre medios y fines, con la pretensión de que unos y otros sean establecidos con claridad y, por consiguiente, que las conductas puedan ser previstas y, metafóricamente, encauzadas en procedimientos señalados con anterioridad para que no haya lugar a sustraerse a la previsión sin enfrentarse con sanciones también conocidas con antelación. Adoptando una terminología en auge en los años sesenta y setenta del siglo pasado, se trató de un grande experimento de ingeniería social, inspirado en la idea de hacer coincidir el derecho con la economía, siendo esta el ejemplo más típico de acción racional.

Sí y cuánto ese modelo de regulación jurídica tuvo éxito, es una cuestión abierta que, por cierto, dio vida a una cultura jurídica de estilo lógico-analítico muy refinada, concentrada sobre todo en la exégesis de los códigos, concebidos como la expresión sintética del núcleo esencial de la legislación, fuente suprema, si no única, de un derecho de formación política. Creo que no se puede negar que tal cultura jurídica ilustrada tuvo un fuerte efecto social y también que pudo reaccionar a los desafíos a los cuales la sometían los cambios social, económico y tecnológico, incesantes frente a la estabilidad de las normas legisladas. Durante largo tiempo unas reformas exitosas y una interpretación judicial rigurosa, inspirada por la doctrina jurídica, le permitió al sistema jurídico absorber tales desafíos, en muchos casos de gran alcance: piénsese en la revolución industrial, en los nacionalismos del siglo XIX, en la cuestión social, en el proceso de emancipación femenina, en los avances de las ciencias "duras" cuyos descubrimientos abrían cuestiones inesperadas también en el marco ético. Para decirlo con brevedad, y alejándome de opiniones opuestas, aunque acreditadas, creo que el derecho ilustrado ha cumplido en gran medida su tarea.

La cuestión es si hoy su tiempo se agotó. Los ejemplos que he señalado en mi presentación parecerían confirmarlo. La evidente incapacidad del derecho legislado frente a fenómenos como los ya mencionados parece reclamar nuevas formas de regulación. Pero ¿cuáles?, ¿cuáles serían las instituciones a las que podríamos confiar la formación del derecho en la hora actual? ¿Pueden las instituciones privadas de tamaño internacional desempeñar las funciones que tradicionalmente le competen al Estado? ¿Deberíamos alejarnos del modelo racional del derecho o, por el contrario, deberíamos recuperar un tanto de racionalidad en un sistema que propone continuamente ejemplos de irracionalidad en el tratamiento de los asuntos sociales y también económicos?

Para intentar responder a tales interrogantes es preciso salir de una muy rápida descripción de lo que ya ocurre.

Es verdad que el modelo estatal de representación del derecho, sintetizado en la metáfora kelseniana de la pirámide que desde la *Grundnorm*, a través de la Constitución, de la ley, del reglamento y del contrato privado baja hasta el acto administrativo, y el fallo judicial no parece corresponder a la realidad del derecho actual, donde muchos sistemas jurídicos, oficiales o no, públicos o privados, se afectan recíprocamente según la imagen de la red, que se suele contraponer a la pirámide: *de la pyramide au réseau* es la fórmula, propuesta hace treinta años por François Ost y Michel Van de Kerchove, en la cual se reconocen muchos teóricos del derecho. El comercio que se desarrolla a un nivel transnacional es un ejemplo típico de hibridación inter-sistémica, mezclando principios que salen del derecho romano (piénsese en las reglas de *Unidroit*) con otros elaborados en el *common law* o inventados por las grandes *law firms* de tamaño internacional. Sin embargo, ¿es verdad que en este panorama el Estado y su derecho habrán perdido su importancia?

Me atrevo a decir que la respuesta es no. El Estado, sea mono o pluri-cultural, no sólo –como lo reconocen hasta los teóricos del Estado mínimo– sigue desempeñando (siempre menos bien) unas funciones esenciales, como la seguridad ciudadana, conserva un cierto nivel de equilibrio entre los intereses contrapuestos de los actores sociales, protagoniza a nivel factual la vida política y también es un actor fundamental en la vida económica, en la cual interviene directa o indirectamente a los máximos niveles. Por supuesto, existen actores privados, cuya influencia es más amplia que la de muchos Estados de dimensión media o pequeña, que interactúan con los poderes estatales y con las organizaciones internacionales. La *lex mercatoria*[1], que se supone sobrepasa el orden jurídico nacional, se inspira en modelos normativos traídos de uno u otro de tales órdenes, dependiendo de las exigencias de los distintos pasos de un contrato, desde de la negociación primigenia hasta su cumplimiento en un lugar concreto. Como nos decía hace años en un congreso un experto de negociación transnacional, si los contratos típicos de la *lex mercatoria* parecen astronaves que viajan en un espacio tal vez imprevisible, cuando una planta *turn key* objeto de tal contrato está lista, dicha astronave aterriza en un lugar físico y allí una jurisdicción estatal lo somete a sus modelos, ante todo a sus impuestos. Aún más, si es evidente que, como ya se ha dicho, durante décadas las fronteras entre Estados han sido cada vez más porosas, hasta inspirar la hipótesis teórica de una irreversible crisis del Estado, también lo es que en el tiempo actual los Estados están reclamando mayor independencia y respeto por su soberanía frente a sus homólogos y a la comunidad internacional. Nos guste o no –a mí me gusta muy poco, sobre todo por los riesgos de guerra que trae consigo–, es un hecho del cual no podemos hacer caso omiso.

La sobrevivencia activa del Estado como actor político-económico conlleva su sobrevivencia como actor

---

1 Conjunto de contratos y normas de comercio e inversiones que protegen los derechos de las empresas transnacionales.

jurídico que produce y gestiona normativas vinculantes, aunque no siempre en posición de monopolio, como se suponía que ocurriría en la modernidad. Hace treinta años se celebraba, al lado de la crisis del Estado, la crisis de la legislación frente a la creciente importancia de otras fuentes del derecho, como la negociación privada y la jurisdicción, ella misma no sólo pública sino también privada. Nadie podría negar que tal crisis existió y sigue existiendo. La legislación tradicional de formación parlamentaria, supuestamente voz de una ciudadanía, es hoy en día un instrumento demasiado rígido y al mismo tiempo imprevisible y caprichoso frente al cambio social incesante, y a la multiplicación de expectativas contrapuestas. En particular los códigos se han debido integrar mediante leyes especiales que han acabado casi sumergiéndolos. Y todas las leyes han sido sometidas a infinitas interpretaciones, cada una circulando como un modelo normativo nuevo, hasta dar vida a una entropía semiótica que, como ya he dicho, conlleva tal vez altísima incertidumbre sobre cómo actuar concretamente en la vida diaria. Sin embargo, la fuente legislativa del derecho ha resistido, aunque con variados matices en distintos niveles, interactuando siempre más con otros procesos de formación del derecho, lo que no sorprende si se considera que la legislación es un instrumento simbólico de fundamental importancia para establecer un consenso respecto de la actividad de un gobierno.

Entonces, la cuestión es si, y cómo es posible salir de la entropía actual de muchos sistemas jurídicos y evitar el riesgo de anomia al cual me referí.

Para intentar responder el interrogante, cabe recordar que el sistema económico, y también, aunque en menor medida, el político, tienden a simplificar los procedimientos decisionales. Al igual que en el siglo XVIII tuvieron que alejarse de los procedimientos jurídicos heredados de la Edad Media y con raíces en la refinadísima sistemática romana, actualmente están elaborando sus propios anticuerpos frente al derecho moderno que ha perdido el ritmo del cambio social.

La tecnología ofrece instrumentos que parecen adecuados a tal proyecto. La informatización masiva de la sociedad es un instrumento de simplificación o, si se quiere, de reducción de complejidad. Y hoy en día el uso siempre más extenso de la inteligencia artificial podría acelerar un proceso que ya tiene décadas de experiencias, también en el marco jurídico. Hasta ahora la tecnología ha tenido un impacto notable en la *información* del derecho, en el análisis de los hechos a los cuales el derecho se debe aplicar –pienso, entre otros, en las investigaciones policiales– y de la organización del trabajo jurídico tanto de abogados como de jueces. Menos desarrollado es su impacto en el nivel de la *formación* del derecho, donde, sin embargo, se multiplican estrategias dirigidas a controlar desde arriba el camino de las interacciones jurídicas. Así, de nuevo se han experimentado formas de justicia automática y también en el sector penal se usan modelos contractuales producidos por algoritmos que pueden garantizar *a priori* el cumplimiento de las obligaciones previstas y, al nivel de la producción de normativas generales, hay programas de *smart legislation* que, según los gobiernos, podrían, siempre a través de algoritmos, producir efectos correspondientes a proyectos previos. Tales programas comparten desde una correlación estrecha entre medios y fines, una minimización de la arbitrariedad del ser humano en la decisión, hasta su remoción del contexto decisional, por tanto, se trata de un programa a primera vista típicamente racional y formal.

Ya muchos ven en la revolución algorítmica en marcha una nueva ilustración en el marco del derecho. Sin embargo, por lo que se sabe hasta ahora, creo que tal conclusión sería apresurada y superficial.

Nadie ignora que estas nuevas tecnologías inspiran tanto ilusiones como dudas. Si se está extendiendo en el campo contractual el uso de formularios de origen algorítmico, en el campo de la legislación décadas de proyectos gubernamentales y discusiones entre expertos no han abandonado el nivel que definiríamos meta-legislativo, es decir, han producido miles de páginas de documentos dirigidos a definir cómo *debería ser* una legislación *smart*, sin que se hayan difundido ejemplos concretos de leyes inteligentes. Por su parte, la idea de una justicia penal automatizada, que es posible en el marco de infracciones formales de pequeño alcance, ha demostrado estar potencialmente abierta a contaminaciones ideológicas. Esto es un dato inquietante, pues demuestra que detrás de un algoritmo, que a través de *señales* emite decisiones eliminando aquel ser humano –juez, abogado, funcionario– que en la vida jurídica tradicional *interpreta signos* y decide según su cultura y prudencia, siempre hay un ser humano que, inspirado a su vez por otros seres humanos, construyó aquel algoritmo según programas cuyo origen quizá permanecen en la oscuridad. Todavía ignoramos si hay un punto más allá del cual la tecnología algorítmica no puede irse y, en la afirmativa, donde estaría este punto.

Sabemos, sin embargo, que el proceso de simplificación procede pese a esas dudas. Así como hay una enorme concentración de poderes entre élites económicas estrechas –el 1 y el 10% de la población mundial detentan respectivamente el 50 y el 85% de las riquezas mundiales– hay también una fuerte concentración de poder político entre élites siempre más estrechas ellas mismas. La normativa importante de origen político siempre es más producto de los gobiernos en forma de decretos, reglamentos, derecho *soft*, e interpretaciones que vinculan al nivel factual, que en forma de ley. Aunque sigan siendo simbólicamente el centro de un sistema político, los parlamentos juegan un papel cada vez más secundario, de ratificación de decisiones tomadas a niveles gubernamentales, nacionales o internacionales, ellas mismas afectadas por otras tomadas en los más altos niveles de la economía. Ese proceso, en el nombre de la simplificación, pasa por encima de expectativas sociales que se imaginaban garantizadas por siempre. Que las nuevas tecnologías informativas afectan derechos humanos ya establecidos en forma de derecho positivo, es algo bien conocido.

Para terminar, los problemas que enfrentamos son complejos y hasta ahora no se perciben soluciones fiables. Traducirlos en fórmulas ideológicas es peligroso. Si el estado actual del derecho nos parece caótico hasta hacernos pensar en un agujero negro, y existe el temor de que la sociedad termine por ser anómica, también preocupan unas medidas de reducción de complejidad que ya están en marcha. Como sospechaba Stephen Hawking a final de su vida, quizá ningún agujero en el cosmos sea totalmente negro. Y probablemente la suerte del derecho no esté totalmente comprometida, pero corremos el riesgo de que el nuevo derecho oficial se aleje aún más del modelo democrático que la modernidad nos ha regalado.

La democracia, la reducción de la distancia entre élites políticas y bases sociales, y la invención de nuevos modelos de derecho fiable son los verdaderos problemas que debemos afrontar, y quizá luchar por ellos.

Gracias por escucharme con paciencia y tolerancia por mi castellano no propiamente cervantino.

Vincenzo Ferrari

Sociólogo del derecho

Gonzalo Cataño[1]

I

La Universidad Externado de Colombia y sus programas doctorales están de fiesta. Le han otorgado el Doctorado *Honoris Causa* a Vincenzo Ferrari, profesor jubilado de la Universidad de Milán. Hablar de Ferrari es hablar de sociología del derecho. Su figura, su importancia colectiva, está asociada a sus estudios sobre derecho y sociedad, campo de reflexión al cual le ha dedicado más de medio siglo de esfuerzos académicos. Sabemos que es uno de los especialistas del área más notables de Italia que ha rebasado las fronteras nacionales. Su nombre, sus escritos y sus labores organizativas dirigidas a normalizar la sociología del derecho son conocidas tanto en Europa como en América Latina.

---

1 Profesor-investigador Museo y Archivo histórico de la Universidad Externado de Colombia.

Ferrari nació el 16 de diciembre de 1940 en Colleferro, un pequeño poblado en las afueras de Roma. Nacer en diciembre no es prospecto recomendable; con el paso del tiempo se tiene la tendencia a aumentarle un año a las personas que afloran en tiempos navideños. Si su alumbramiento hubiera acaecido quince días después Ferrari tendría hoy 82 años, pero como no fue así, la gente apurada tiende a marchitarlo y a ponerle un año más de edad. Son las cosas de la cultura y de la ligera e incontrolada aritmética del observador poco diligente.

La infancia de Ferrari transcurrió en plena Segunda Guerra Mundial. Fueron los días de la amistad Hitler-Mussolini, de la invasión germana a la Unión Soviética, de la derrota alemana en Stalingrado, del suicidio del *Führer* en Berlín y del fusilamiento del *Duce* en el lago de Como. Fue inicialmente un huérfano. Su padre marchó a la guerra en junio de 1940 y el 9 de diciembre de 1940, una semana antes del nacimiento de Vincenzo, los ingleses lo capturaron en África y enseguida lo deportaron a la lejana Australia. Regresó al país en 1946, pero solo se lo vio en el círculo familiar hacia 1948, cuando empezaba a expirar la infancia de Vincenzo, ahora próximo a cumplir los ocho años.

En la casa de Ferrari había mucha educación formal y múltiples adhesiones políticas de distintos acentos: hombres y mujeres de izquierda, de derecha y de centro; fascistas y socialistas, liberales y conservadores. La familia se asentó en Milán, la ciudad de sus padres, y ese sería el centro de sus actividades académicas durante toda su vida, salvo experiencias reducidas en Cagliari y Bolonia. En Milán adelantó su enseñanza secundaria, un bachillerato clásico en humanidades, con buenas bases de francés, griego y latín, sumadas a competentes lecciones de filosofía, historia, literatura e historia del arte, que después serían de gran utilidad en sus estudios jurídicos. Quienes hayan leído sus textos recordarán que Ferrari recurre con frecuencia a la literatura para ilustrar sucesos y conductas jurídicamente orientadas.

Después del enriquecedor bachillerato vino su formación jurídica en la Universidad de Milán y su encuentro con Renato Treves, el profesor de sociología y de filosofía del derecho. Las clases y amistad con Treves, el fundador de la moderna sociología del derecho en la tierra de Gaetano Mosca y de Vilfredo Pareto, fueron claves en la formación del joven Ferrari. La marca de su profesor fue tan fuerte que en los años primerizos de los sesenta, cuando alcanzaba el título de abogado, ya se sentía sociólogo, y lo sería hasta nuestros días a pesar de sus esporádicas incursiones en los terrenos de la dogmática jurídica.

Hoy la sociología y la reflexión jurídica desprendida de la ciencia de Comte son disciplinas bien establecidas en Italia, pero a mediados del siglo XX eran todavía viñedos en ciernes. Para el caso recordemos las palabras del amable Timasheff en la *Enciclopedia Internacional de las Ciencias Sociales* de los años sesenta del siglo pasado: "la sociología del derecho todavía está en la infancia"[2]. A pesar de la rica herencia de Sumner Maine y Spencer en Inglaterra, de Durkheim en Francia, de Tönnies y Weber en Alemania, de Ehrlich en el Imperio Austro-Húngaro y de Leon Petrażycki y sus alumnos en las legendarias extensiones ruso-polacas, el campo estaba disperso. Ha-

---

2 Nicholas S. Timasheff, "Ehrlich, Eugen", en *Enciclopedia Internacional de las Ciencias Sociales* (Madrid: Aguilar, 1974), vol. IV, p. 156.

bía grandes nombres aquí y allá, pero sus contribuciones, diseminadas en países de diversas lenguas, estaban a la espera de sistematizaciones teóricas y empíricas. La misma definición de derecho era equívoca y a veces francamente inasible. Y eso fue lo que hicieron Treves y sus estudiantes en Italia: armonizar esfuerzos borrosos en busca de una depuración del campo. De una idea interesante hicieron un programa académico hasta lograr un proyecto científico de envergadura. Crearon cátedras, fundaron publicaciones periódicas de gran prestigio, como la revista *Sociologia del Diritto*, promovieron congresos y encuentros de especialistas y animaron el Research Committee de Sociología del Derecho de la Asociación Internacional de Sociología, a cuyas actividades se unió Ferrari por varios años. En medio de estos afanes escribieron libros y ensayos, manuales y textos generales para aclarar los conceptos, los enfoques teóricos y las estrategias empíricas. El objetivo era mostrar cómo influyen las normas en la sociedad y cómo a su vez estas se ven moduladas por la dinámica social. Y, ante todo, se comprometieron con la investigación, el rostro más dinámico de todo campo del saber que aspire a ocupar un lugar en los dominios de la ciencia. Treves y sus alumnos sabían que ciencia sin investigación es solo especulación, que sociología del derecho sin pesquisa es réplica de la filosofía del derecho.

II

Y ahora que hemos mencionado el nombre de Renato Treves, a cuya obra Ferrari le ha dedicado varios ensayos, debemos señalar que es un sabio tanto de Europa como de América Latina. Treves vivió en Argentina, en

Tucumán, entre 1938 y 1947, y fue allí donde empezó a alejarse de la filosofía para entregarse a la sociología. En la Universidad Nacional de Tucumán hizo un balance de las estrecheces de la jusfilosofía alemana que le era tan querida, y lentamente se fue desplazando hacia la ciencia de la sociedad en busca de un campo más fructífero para la indagación de las normas que rigen, o intentan regir, la conducta de hombres y mujeres en sociedad. En el desarrollo de esos quehaceres llegó a escribir un español de maravilla que le permitió difundir sus ideas sin sacrificar la complejidad de las materias objeto de estudio. Quienes lean con atención su *Sociología y filosofía social* de 1941, su *Benedetto Croce, filósofo de la libertad* de 1944 y su *Derecho y cultura* de 1947, se darán cuenta del dominio que llegó a tener del idioma de Cervantes. A ello unió un ardor de finura y llaneza en la exposición. De Ortega y Gasset había aprendido que "la claridad era la cortesía del filósofo", mensaje que ya le era conocido por las demandas de su profesor Gioele Solari recordadas por Ferrari en uno de sus escritos: "la claridad es la honestidad del estudioso"[3].

Treves llegó a América en sus treinta como filósofo, y una década después regresó a Italia como sociólogo. Él mismo lo señaló en una conferencia de 1989:

> Regresé a Italia en 1947 y después de un breve periodo de adaptación, no olvidando la experiencia de sociólogo en Argentina, en la segunda mitad de los años

---

3 José Ortega y Gasset, *Obras completas* (Madrid: Revista de Occidente, 1969), vol. VII, pp. 280 y 288, y Vincenzo Ferrari, "Reflexionando sobre Renato Treves y su tiempo", ensayo publicado en este mismo volumen.

cincuenta participé activamente en el renacimiento de la sociología en mi país[4].

Este aprendizaje latinoamericano lo transmitió a sus alumnos y se convirtió en el programa intelectual que llenó el resto de su vida. Ello sugiere que, de alguna manera, América Latina contribuyó a la renovación de los estudios sociales en Italia y, por extensión, a la formación del joven Ferrari en Milán. La lucha por la sociología no fue tarea fácil. Treves encontró que la nueva ciencia era fuente de repudio y desdén en el mundo académico italiano. Los grandes pensadores, Croce entre ellos, identificaban la sociología con las torpezas del positivismo, sin atender a sus bondades, al esfuerzo por asir la realidad mediante la observación, la medición y la experimentación y, junto a ello, a ofrecer explicaciones de los procesos de cambio sin escamotear la jerarquía y nervio de la causalidad. Siguiendo a Dilthey y a sus asociados, la filosofía social de la época había establecido una diferenciación radical entre ciencias naturales y ciencias del espíritu, confiriéndole a estas últimas un peso particular a la *comprensión* –la recreación en la mente del investigador de las acciones estudiadas– como recurso privativo del conocimiento de los asuntos humanos. Con ello le entregaba el saber de lo social a la vivencia, a aquello que el suceso estudiado generaba en la conciencia del analista. Se le concedía demasiado peso a la conjetura y la impresión, dos dimensiones aupadas por el sentimiento, la avanzadilla de la subjetividad.

---

4 Renato Treves, *Sociología del derecho y socialismo liberal* (Madrid: Centro de Estudios Constitucionales, 1991), p. 225.

Cuando Treves llegó a América se encontró con varios pensadores de su misma edad interesados en superar esa postura. Fue el caso de José Medina Echavarría y de su coterráneo Gino Germani. Junto a ellos tomó consciencia de que si las ciencias sociales querían ser tales, debían atender los requisitos mínimos de toda exploración fáctica a fin de ofrecer generalizaciones. En la *Introducción a la sociología* de Hans Freyer había hallado que, a diferencia de los historiadores, los sociólogos buscan en los hechos singulares ofrecidos por el pasado y el presente formas y procesos típicos que permitan establecer regularidades[5]. Dos libros de Medina Echavarría, *Panorama de la sociología contemporánea* y *Sociología, teoría y técnica*, lo sensibilizaron sobre los nuevos rumbos de la ciencia de la sociedad, ahora comprometida con la investigación y la depuración teórica. Cabe recordar que por aquellos días Medina Echavarría estaba próximo a emprender la traducción castellana de *Economía y sociedad* de Weber con la ayuda de varios colegas venidos de España. A esas fatigas se sumaron los trabajos de su amigo Gino Germani destinados a crear las bases de una sociología científica en América Latina. Allí estaban, por lo demás, los métodos y las técnicas de investigación desarrolladas por los antropólogos, los sociólogos y los psicólogos sociales norteamericanos que mostraban las virtudes del proyecto de hacer de la sociología una ciencia afincada en los hechos por encima de las construcciones teóricas *ex nihilo*, en el vacío. Este fue el asunto de su *Introducción a las investigaciones sociales* de 1942, libro que registraba el compromiso expreso con la

---

5 Hans Freyer, *Introducción a la sociología* (Madrid: Nueva Época, 1945), cap. III, "La sociología histórica".

investigación social empírica mediante un estudio sociográfico sobre las precarias condiciones de los conventillos (inquilinatos) de los cortadores de caña en Tucumán.

Treves regresó a Europa y después de un arduo trabajo docente y de pesquisa social, selló sus contribuciones en el aplaudido manual *La sociología del derecho*, volumen en el cual colaboró Ferrari como lector y crítico. La obra no ha perdido actualidad. A mi modo de ver, continúa siendo una de las mejores introducciones a los orígenes, investigaciones y problemas centrales de la sociología del derecho. Y aquellos que deseen familiarizarse con las discusiones más recientes, con desarrollos teóricos propios, deben acercarse a las *Funciones del derecho*, a *Acción jurídica y sistema normativo* y a *Derecho y sociedad* de su alumno Ferrari, tres libros que en pocos años se vieron enriquecidos con la publicación de su *Primera lección de sociología del derecho*.

III

La lectura de los libros de Vincenzo Ferrari no ofrece dificultad a pesar de la complejidad de los problemas tratados. Su estilo –su forma de escribir– es claro, directo y controlado; una extensión de su labor docente. Ferrari aborda los temas con un lenguaje donde las ideas y las palabras que los expresan marchan al mismo ritmo. Está muy lejos de la escritura libre y voluptuosa de un Benedetto Croce. Su modelo es Norberto Bobbio, un analista que se aferraba a los conceptos de un autor o de una tradición de pensamiento y jamás los soltaba hasta ilustrar su contenido y alcance. Siguiendo este patrón, Ferrari se acerca a su materia con máximo cuidado, la comprime en la mente y enseguida la desarrolla con enunciados colmados de ejemplos dirigidos a vigilar toda especulación que vaya más allá de los hechos. No busca la elegancia, espera que surja de los arrestos de claridad y confianza con la verdad en un discurso abierto a la discusión y susceptible de mejora ante los nuevos descubrimientos. Con Jenófanes, piensa que en la esfera de la ciencia las opiniones son fantasías con apariencia de verdad[6].

La noción de derecho amparada por Ferrari, concepto ambiguo y francamente evasivo que la gente tiende a confundir con lo recto, lo cabal y lo justo, es rica en posibilidades analíticas. Define el derecho como el conjunto de normas dirigidas a regular la conducta de los miembros de una sociedad. A partir de esta definición amplia y sencilla deriva su noción de sociología del derecho, que enuncia como la ciencia que estudia las normas jurídicas en cuanto modalidad de acción social. Aquí la influencia de Weber es clara. Ferrari parte del individuo y de sus opciones, no de la sociedad como ente externo que sofoca la vida de sus miembros. Para él lo que se agita son los seres humanos a través del derecho en pos de intereses materiales (económicos) o espirituales (culturales, ideológicos, religiosos y políticos). Aunque Ferrari está pensando sobre todo en el derecho positivo –en ese enjambre de Constituciones, códigos, estatutos y reglamentaciones escritas que guían el comportamiento de las personas en las sociedades modernas–, su noción es lo suficientemente general y abierta como para no descuidar el escenario jurídico de las comunidades sin escritura estudiadas por los antropólogos. Y no solo eso. También abarca el dere-

---

6 John Burnet, *La aurora del pensamiento griego* (México: Coyoacán, 2012), p. 107.

cho natural. Recordemos la enseñanza de *La scienza nuova prima* (1725) de Vico: "el derecho natural es derecho que mana de las costumbres de las naciones"[7].

En su marco de referencia el derecho es un vástago de la sociedad en la que actúa, pero un vástago que una vez que se lo ve en acción se funde con su progenitora hasta tutelar buena parte de su desenvolvimiento. Aquí lo gobernado tiene la capacidad de mutarse en gobierno. Todo esto se podría resumir diciendo que la dinámica del derecho es pródiga y con frecuencia impredecible. Es un medio para garantizar acuerdos, imponer deberes, resolver conflictos, atenuar tensiones, alcanzar justicia, ejercer control y conservar y reformar el orden social[8]. Está presente en las personas que lo acatan y en los sujetos que lo infringen. A Ferrari le gusta citar un pasaje de las páginas iniciales de *Economía y sociedad* donde Weber señala que el ladrón orienta su acción con la conciencia de que está lesionando una regla del código penal. Nadie conoce mejor el derecho que aquellos que lo violan, parecía decir[9].

De la perspectiva de Ferrari se desprende un rasgo más amplio y rico que se tiende a olvidar: el derecho como dimensión de la cultura. Como la religión, el lenguaje, el arte y la literatura, el derecho constituye un elemento central de la vida comunitaria, hecho que ha dado lugar a la recurrida máxima latina, "donde hay sociedad hay

---

7 Giambattista Vico, *Principios de una ciencia nueva en torno a la naturaleza común de las naciones* (México: Fondo de Cultura Económica, 1978), p. 22 (§20).

8 Gonzalo Cataño, *La introducción del pensamiento moderno en Colombia* (Bogotá: Universidad Externado de Colombia, 2013), p. 22.

9 Max Weber, *Economía y sociedad* (México: Fondo de Cultura Económica, 2014), p. 162.

derecho". Esto se observa con claridad cuando se exploran los estudios de los antropólogos, capaces de levantar, después de un minucioso trabajo de campo, la imagen de una sociedad observando las normas atendidas por sus miembros. Es lo mismo que ocurre con la indagación de los códigos de la temprana Edad Media tan cara a los historiadores. Recordemos un ejemplo. El historiador inglés P. D. King investigó el código de Ervigio, un rey ibérico del siglo VII en su libro sobre el reino visigodo[10]. King examinó el articulado con detenimiento y con destreza lo fue vinculando con la economía, la familia, la Iglesia y la estratificación social visigoda. A ello adicionó una descripción del aparato de gobierno y de la labor de los funcionarios encargados de la administración de justicia. Con esos instrumentos les ofreció a sus lectores una imagen de la sociedad visigoda que siguió a la decadencia del Imperio Romano. En pocas palabras, un conjunto de normas derivadas de una legislación sirve para retratar los modos de vida de todo un pueblo.

Eso es lo que ha estado enseñando Ferrari por más de veinte años en el Externado. Año tras años le ha revelado a su audiencia estudiantil, conformada en su mayoría por abogados en ejercicio, los condicionamientos sociales del derecho. Este público, tan afín a los trajines jurídicos, que a primera vista parecería ser el mejor auditorio para recibir el mensaje sociológico, también puede llegar a ser una limitación. La tensión del abogado con la sociología del derecho es muy parecida a la del maestro de la enseñanza secundaria con la sociología de la educación. Ambos

---

10 Paul David King, *Derecho y sociedad en el reino visigodo* (Madrid: Alianza, 1981).

conocen las fortalezas de la sociología como ciencia social, pero a unos y a otros les es difícil separar los roles del ejercicio profesional de aquellos del compromiso con el conocimiento por fuera de sus aplicaciones y de su eventual utilidad. El sociólogo de la educación se interesa ante todo por mostrar cómo opera el sistema educativo, el maestro en cómo debería funcionar mejor y en solucionar las dificultades que lo aquejan. Algo similar sucede con el jurista comprometido con el ejercicio del derecho. Ferrari es consciente de esas tensiones y conoce bien a sus estudiantes. Tiene más de una afinidad con ellos, también es abogado, pero jamás confunde los compromisos del foro con los de la ciencia. Sabe que en los tribunales se defiende a un cliente –a un pleitista como le gustaba decir a Durkheim–[11] y en un centro de investigaciones a la verdad por encima de cualquier dogma o demanda extraña al saber.

Y aquí es donde surge una dificultad adicional. Ferrari ha agitado el clamor sociológico, pero sus esfuerzos no han logrado consolidar en nuestra casa de estudios la sociología del derecho como campo de indagación estable y persistente. Hay sin duda experiencias individuales, en la docencia especialmente, pero los proyectos de investigación no han arraigado hasta hacerse rutina. La mayoría de nuestros alumnos del doctorado solo se comprometen con los afanes de la investigación cuando se ven aguijoneados por el fuste docente para finalizar sus disertaciones. Una vez graduados se olvidan de la investigación para regresar a sus tareas cotidianas en la docencia univer-

---

11 Émile Durkheim, *De la división del trabajo social* (Buenos Aires: Schapire, 1967), p. 101.

sitaria, en el despacho jurídico o en las oficinas del Estado y de la empresa privada.

Quizá esto no sea, al final, muy relevante. Es posible que Ferrari y la Universidad Externado hayan estado pensando más bien en una manifestación de la sociología *en* el derecho, esto es, en llevar la ciencia social a los operadores jurídicos para que desempeñen con mayor discernimiento sus labores. Si ello es así, no hay que olvidar, sin embargo, que no es posible ofrecer un conocimiento sociológico útil en materia jurídica si no se dispone de investigaciones concretas de su dinámica, de sus funciones y disfunciones para hablar en el lenguaje del recordado Robert K. Merton.

El reto no es, por lo demás, fácil de atender. Normalizar un campo de las ciencias sociales en los claustros universitarios no es faena de todos los días. Es claro que se pueden inaugurar cátedras de sociología mediante una decisión rectoral o por el deseo y voluntad de un decano sensible a sus contribuciones. Lo difícil es congregar a un grupo de docentes con saber teórico y vocación empírica. Ello lleva tiempo, tesón y constancia, y no solo para hallar los temas de exploración relevantes, sino también para vincular sus labores al tren general del desarrollo de la disciplina. En esto Ferrari ha sido ejemplar. Conoce las contribuciones francesas, alemanas, inglesas y americanas de la sociología del derecho –las de hoy y las de ayer– y las ha hecho suyas a través de una metódica asimilación que los interesados pueden encontrar en la lectura de sus libros. Aquellos que fuimos sus alumnos, y tuvimos la oportunidad de escuchar sus conferencias, podemos decir que con él experimentamos el placer de dialogar, por unas horas, con las luminarias de la sociología occidental interesadas en la suerte del derecho.

IV

Y ya que hemos aludido a la labor docente de Ferrari, digamos –para terminar– unas palabras sobre su faceta humana, personal. Todos le hemos visto y todos podemos repasarlo hoy de nuevo. Es un hombre de mediana estatura, delgado, que camina despacio por los pasillos del Externado con una sonrisa que sugiere optimismo. Odia el cigarrillo. Es muy italiano; le gusta el café y el vino blanco y en la mesa prefiere el pescado. Es inconfundible. Lleva el cabello cano y una cuidada barba blanca. Suele sujetar su reloj con una leontina al ojal izquierdo de la solapa del saco, y diariamente prende las gafas al cuello con un discreto cordel a fin de no perderlas y tenerlas a mano cuando se las requiera. Habla un español de prodigio. Es sencillo, abierto y animado con sus interlocutores. Dialoga con soltura sobre política, literatura, sociología y filosofía. Como su profesor Renato Treves, es un socialista amigo de las libertades y siempre se remite a lo mejor del pensamiento liberal. Orienta con respeto a sus oyentes y sospecha que en el intercambio de experiencias algo le pueden enseñar. Su plática es cálida y acogedora a pesar de que no comparta los puntos de vista del oponente. Critica sin herir y está listo a ofrecer su saber a aquellos que estén dispuestos a recibirlo. Y algo que se debe subrayar, considera al estudiante graduado un colega, un igual, un cofrade. Le gusta que lo llamen por el nombre para evitar ceremonias y cualquier manifestación simmeliana de distancia social. Y digámoslo de una vez por todas; no tiene ochenta y tres años como piensan algunos, solo ochenta y dos y es consciente de que la edad, un privilegio, es solo una paulatina lejanía de la infancia.

El profesor Vincenzo Ferrari: un elogio

Ángela Buitrago

Hablar del profesor Vincenzo Ferrari no es fácil, pues me embarga el sentimiento y la emoción. No obstante, puedo decir que su nombre resuena en los más alto de la sociología, de la sociología del derecho, disciplina que "revela la realidad", como le gusta afirmar en el salón de clases. Ferrari ha sido profesor invitado en muchas universidades y ha escrito textos tan notables como *Funciones del derecho* y *Derecho y sociedad*. Ha sido además docente *honoris causa* de universidades como las de Buenos Aires, Zaragoza, UNAM y en nuestros días de la Universidad Externado de Colombia.

Pero ahora quiero referirme, ante todo, al ser humano, al hombre que me permitió recorrer las grandes vertientes de la teoría sociológica, especialmente aquella que cobraba cuerpo por los años noventa del siglo pasado: el funcionalismo sistémico. En medio de esas tareas me enseñó lo que significa la sencillez de un gran hombre, la preocupación por los estudiantes y la disposición para allanar los caminos difíciles de la disciplina. Cuando recrea en sus charlas de manera vívida a cada uno de los autores centrales de la sociología del derecho, lo hace de una manera tan particular que invita, con sus solas narraciones, a conocerlos en sus libros para alcanzar sus contribuciones de manera directa. Y recordemos que fue interlocutor de algunos de ellos, de Renato Treves y del popular Norberto Bobbio. En medio de estas tareas logra transmitir los valores de todo profesor dedicado: respeto por las ideas de los otros, responsabilidad por la formación seria en un campo del saber, más la disposición al diálogo ante los puntos de vista ajenos.

Como alumna, pude apreciar a un ser humano admirado y querido por sus profesores, que habla de sus maestros, especialmente de Renato Treves sobre todo, con la fuerza de un discípulo convencido de sus enseñanzas. Tuve oportunidad de observar su labor en el Instituto de Oñati, el gran centro mundial de la sociología del derecho, y sus esfuerzos por llevar la esfera jurídica y todo lo relacionado con ella a la sociedad, al ciudadano común.

Lo mueve una constante preocupación por escuchar y promover la reflexión, y en medio de esta labor nada fácil de adelantar, examina con especial cuidado las complejas relaciones entre derecho y sociedad que despierta tantas inquietudes intelectuales, académicas y profesionales entre sus estudiantes venidos de las disciplinas jurídicas. Logra sembrar en sus alumnos un interés fundamental: entender cómo la sociedad modula el derecho y la manera como el derecho moldea la vida cotidiana de los miembros de una sociedad. A ello suma una inquietud adicional: las reflexiones sobre la pérdida de legitimidad del derecho en los últimos años, premonición o advertencia de la cual debemos tomar conciencia y preguntarnos: ¿Las tradicionales funciones del derecho relacionadas con orientación y arreglo de conflictos se verán reemplazadas por otros entes de control social?

Quiero terminar diciendo: gracias profesor por tanto, por tantos favores recibidos. Usted seguirá siendo mi docente favorito.

Reflexionando sobre Renato Treves y su tiempo*

Vincenzo Ferrari

Premisa

Cuando Renato Treves murió en 1992, Norberto Bobbio, conmemorándolo en *Sociología del derecho*, la revista que el propio Treves había fundado y dirigido desde 1974, dijo que en dos campos, la introducción de Kelsen en Italia y la difusión de la sociología del derecho, su contribución había sido "fundamental"[1]. Desde entonces mucho ha cambiado en ambos campos. La influencia de la doctrina

---

* Traducción del italiano de Santiago Perea Latorre. Este ensayo fue concebido y escrito en 2017 como contribución del autor al volumen a cargo de A. Krohling, C. Faralli, P. Borsellino y D. Nazaré de Andrade Ferreira (coord.), *Filosofia do direito. Pensadores italianos e brasileiros*, Juruá, Curitiba, Paraná, 2017, pp. 93-112 (donde apareció con graves errores de traducción al portugués). El original italiano apareció con el título "Memorie di Renato Treves", en el volumen a cargo de C. De Angelis y A. Scalone, *Πολιτεία. Liber Amicorum Agostino Carrino*, Mimesis, Milano-Udine 2020, pp. 283-301.

1 N. Bobbio. "Renato Treves", en *Sociologia del diritto*, XIX, 1992, 2, p. 8.

kelseniana sobre la teoría del derecho, no solo italiana, se ha atenuado, y la sociología del derecho ha evolucionado y se ha diferenciado, tomando caminos a menudo diferentes de aquellos imaginados por Treves y por otros estudiosos (pienso en Vilhelm Aubert, Jean Carbonnier, William Evan, Verner Goldschmidt, Takeyoshi Kawashima, Adam Podgórecki, Jerome Skolnick, Richard D. Schwartz) que habían cooperado con él en la difícil tarea de refundar la disciplina y difundirla en la academia. También la figura de Treves puede entonces aparecer desenfocada, como es natural en un mundo en el que todo procede a ritmo acelerado. A los estudiosos les corresponde la tarea de disipar la niebla del tiempo transcurrido y trazar un balance que es ya "histórico", si se piensa precisamente en los cambios que el final del siglo XX y sobre todo los comienzos del XXI han traído consigo.

Quien escribe fue discípulo de Treves, cooperando con él a lo largo de casi treinta años y heredando algunas de sus posiciones relevantes, tanto a nivel nacional como internacional. Aún más, tuvo la oportunidad de conocer su ánimo, de compartir sus principales valores –*in primis* el de libertad y el de justicia, fundamento de su "socialismo liberal"–, y recibió el raro don de su amistad hasta el último día. Por buenas razones puedo, entonces, ser considerado parcial en cuanto a su juicio de un maestro que, una vez superada la natural prudencia en las relaciones humanas, sabía abrirse y hacerse amar. Admito esta parcialidad, como el propio Treves recomendaba, y me hago cargo de ella desde el comienzo de estas líneas, que se agregan a muchas otras ya escritas a lo largo de los años. No obstante, creo poder decir que una serena reflexión sobre este estudioso después de cierto tiempo confirma la solidez de su pensamiento y de muchos de sus resultados.

Empezaré por subrayar que Treves absorbió profundamente la lección cultural y metodológica de Gioele Solari, historiador del pensamiento filosófico-jurídico, historicista sin extremismos y maestro riguroso de quien se derivó, no de manera casual, un nutrido grupo de estudiosos de alto perfil, que comprende, con él mismo, a Alessandro Passerin d'Entrèves, Norberto Bobbio, Bruno Leoni, Luigi Firpo y Uberto Scarpelli. Las obras de Solari pueden servir una vez más de ejemplo a quien quiera sentar las bases histórico-culturales sobre las cuales construir una reflexión teorética en materia de filosofía del derecho. Obras ejemplares también por su claridad, la cual, como solía decir, "es la honestidad del estudioso". La herencia de Solari es visible en toda la producción de Treves, tanto en los numerosos ensayos dedicados al pensamiento de otros estudiosos[2], como en los trabajos más amplios dedicados a la presentación del pensamiento filosófico-jurídico y sociológico-jurídico[3]. En todos los casos destacan en sus páginas la puntillosa reconstrucción de las doctrinas, la precisión de las referencias textuales y, asimismo, una característica actitud de distancia, bien visible en la separación entre descripción y crítica de las diferentes posiciones, representadas en su esencialidad, a

---

2 Algunos importantes ensayos de Treves han sido recogidos en dos volúmenes aparecidos con casi treinta años de distancia: *Libertà politica e verità*, Milano, Comunità, 1962, y *Sociologia e socialismo. Ricordi e incontri*, Milano, Franco Angeli, 1990. Este último ha sido traducido al castellano: *Sociología del derecho y socialismo liberal*, L. C. Aparicio y R. de Asís Roig (trads.), Madrid, Centro de Estudios Constitucionales, 1991.

3 Sobre estas obras generales, escritas con fines histórico-reconstructivos y a la vez didácticos, cfr. *Infra*, El magisterio milanés.

veces incluso en su crudeza. Las preferencias por uno u otro autor se pueden apreciar, pero nunca son desbordantes, si bien Treves revela firmemente, en especial, su disenso respecto del absolutismo filosófico y político, y un cierto grado de intolerancia hacia la oscuridad de algunos autores estudiados.

Estas elecciones en cuanto al método han dejado su huella. Luego de tantos años resulta singular que la historia del pensamiento por él trazada en sus obras introductorias recién citadas haya permanecido firme en la memoria, especialmente de sus alumnos, con sus precisas periodizaciones, sus nítidas categorías, las asociaciones a menudo no obvias y las contraposiciones simétricas dirigidas a marcar las diferencias entre las diversas opiniones: jusnaturalismo, juspositivismo, historicismo jusfilosófico, reducción de la filosofía jurídica a reflexión metodológica sobre la ciencia jurídica y su aparato conceptual; las concepciones técnico-formales y aquellas ideológico-políticas de cada doctrina jusfilosófica; la sociología del derecho entendida como rama especializada de la ciencia social, no de la jurisprudencia; su desarrollo histórico, descrito como convergencia de doctrinas jurídicas, sociológicas y politológicas en la dirección de una concepción madura que reúne lo "macro" ("el derecho en la sociedad") y lo "micro" ("la sociedad en el derecho"); el derecho visto como variable dependiente (Savigny) o independiente (Bentham) de la sociedad en que opera; las dicotomías semejantes ofrecidas por autores muy diferentes, como Durkheim y Tönnies, dirigidos el uno hacia el futuro y el otro hacia el pasado; las asonancias y diferencias en la "revuelta antiformalista" en los contextos dominados por el legalismo (Francia), por el conceptualismo (Alemania) y por el *case method* (Estados Unidos), y mucho más.

¿Esquematizaciones? ¿Simplificaciones? ¿A veces deformaciones? Tal vez, como, por otra parte, siempre ocurre cuando se trata de encasillar la multiplicidad de lo real o, para utilizar el léxico sociológico corriente, de reducir la complejidad. Pero a distancia de años se reconoce que Treves dotó la mente de sus lectores, en especial sus estudiantes, de precisas bases, bien firmes en el terreno también por medio de los artificios estilísticos de su sintaxis –"por una parte... por otra parte", "en primer lugar... en segundo lugar", "ante todo... además... por último"– que eran una cruz para los alumnos cuando empezaban a escribir y podían esperar, a menudo después de muchos sufrimientos y reelaboraciones, un juicio de cuatro palabras: "es un trabajo claro"[4].

Precisamente, corriendo el riesgo de alguna deformación, dividiré la producción científica de Treves en tres fases: la formación y las primeras obras, hasta su traslado a Argentina (1930-1938); el período argentino (1939-1947); el magisterio milanés (1948-1983) y los años siguientes hasta su muerte. Se trata de períodos de muy distinta longitud, pero cada uno de ellos marcado por un carácter bastante preciso. Fue en Argentina, en particular, que Treves maduró su más importante giro epistemológico tanto en su pensamiento como en su producción.

LA FORMACIÓN ACADÉMICA EN ITALIA

La formación de Treves en la Universidad de Turín, bajo la ya recordada guía de Solari, tuvo lugar a caballo entre

---

4 Como ha recordado V. Pocar. "Treves contro la politica dell'incultura', *Critica liberale*, n.º 186, abril de 2011, p. 114, nota 4.

los años 20 y 30 del siglo pasado, cuando el fascismo se había apoderado del poder y el idealismo neohegeliano, representado por Benedetto Croce, liberal antifascista, y Giovanni Gentile, fascista y ministro de educación nacional, habían alcanzado el dominio en la cultura italiana. Esta coincidencia histórica, que marcó la vida de todos los jóvenes estudiosos de la época también por lo dramático de algunas elecciones[5], se advierte en la actividad científica de Treves, que siente interés por la filosofía positivista difundida en Italia en la segunda mitad del siglo XIX, pero en especial por el historicismo practicado tanto por los filósofos neoidealistas como, con un espíritu más de historiador que de filósofo, por el maestro Solari.

El interés de Treves por el positivismo filosófico se atestigua por la elección de su tesis de grado, que se convertiría luego en su primer libro, sobre la difusión del

---

5 En especial, vale la pena recordar el juramento al régimen fascista impuesto por Mussolini a los docentes universitarios en 1931. El propio Treves me describió en privado el clima de inmensa tensión de la reunión, que se desarrolló en la casa turinesa de Francesco Ruffini, insigne estudioso del derecho eclesiástico quien, con su hijo Edoardo, constitucionalista en formación, decidió rechazar el juramento, aunque significara renunciar a la cátedra. En la dramática discusión participaron estudiosos jóvenes y menos jóvenes –entre ellos Norberto Bobbio y Alessandro Passerin d'Entrèves (como me confirmó recientemente el sobrino Lodovico)–, y al final todos los asistentes, con la excepción de los Ruffini –padre e hijo–, siguiendo la posición de Luigi Einaudi, economista, liberal antifascista y futuro presidente de la República italiana (1948-1955), decidieron plegarse a la imposición por considerar esencial –como había sostenido Einaudi– "no abandonar la Universidad en manos de los fascistas".

sansimonismo en Italia[6]. Se trata, siguiendo el ejemplo de Solari, de un trabajo de reconstrucción historiográfica, en el que en cualquier caso se advierte la propensión del autor hacia el carácter progresista de un movimiento que, no se debe olvidar, iba bajo el nombre de socialismo utópico, anuncio de las más maduras concepciones del socialismo, en cuya versión "humanística" el autor, que entonces tenía 24 años, ya se reconocía. Fue el propio Solari, por lo demás, quien orientó a Treves hacia otras doctrinas, germánicas, en cuyas fuentes todo filósofo en formación –como recordaba Bobbio– estaba obligado "a satisfacer su sed"[7]. Allí tendría origen al famoso "viaje a Alemania", que Treves emprendió en 1932 junto con el propio Bobbio y con Ludovico Geymonat, y que los protagonistas, cada uno motivado por sus propios intereses, recordarían a menudo públicamente, en el curso de su vida, como decisivo para su formación[8]. Y ciertamente fue decisivo para Treves, quien viajó a Alemania para estudiar las corrientes neokantianas, entre las cuales se si-

---

6 R. Treves. *La dottrina sansimoniana nel pensiero italiano del Risorgimento*, Memorie dell'Istituto Giuridico della R. Università di Torino, Torino, 1931. El volumen ha sido publicado nuevamente en 1973 al cuidado de Guido Maggioni, autor a su turno de un ensayo que aparece como apéndice (*Il sansimonismo nelle riviste lombarde: 1825-1848*, pp. 129 y ss.).

7 N. Bobbio, en V. Ferrari, M. L. Ghezzi y N. Gridelli Velicogna (eds.). *Diritto, cultura, libertà*, Atti del Convegno in memoria di Renato Treves, Milano, 13, 14 y 15 de octubre de 1994, Milano, Giuffrè, 1997, pp. 19-20.

8 La importancia del viaje a Alemania es unánimemente reconocida por los protagonistas (cfr. Bobbio, ibíd.) y por sus comentaristas. Para Treves cfr., por ejemplo, P. Marconi, "Il legato culturale di Renato Treves", *Sociologia del diritto*, XXXVI, 1, 2000, pp. 5 y ss.

tuaba por buenos motivos la concepción de Hans Kelsen, entonces presente en Alemania y próximo a autoexiliarse, con el advenimiento del nazismo, primero en Suiza y luego en Estados Unidos. De la experiencia alemana Treves derivó tanto el tema de su segundo libro, *Il diritto come relazione*, que le permitió obtener la habilitación para la docencia, como la ocasión para profundizar en la doctrina pura de Kelsen y para presentarla a la cultura jusfilosófica italiana[9].

Muchas décadas después de su aparición en 1934, *Il diritto come relazione* se presenta todavía como una profunda investigación de la corriente neokantiana de pensamiento en aquella época muy viva en filosofía general, la así llamada Escuela de Marburgo, cuyos principios Kelsen transfundió a su doctrina jurídica, en particular en la conocidísima *Reine Rechtslehre*, aparecida ese mismo año. Como conclusión de un discurso muy sólido y riguroso, Treves expone su punto de vista crítico, subrayando en especial que el propósito de los neokantianos de construir doctrinas puras se resuelve en abstracciones formalistas. Resulta particularmente severo el juicio sobre Kelsen, quien, dice Treves,

> [...] al reducir toda la filosofía a lógica del derecho, no

---

9 R. Treves. *Il diritto come relazione*, Memorie dell'Istituto Giuridico della R. Università di Torino, Torino 1934. La obra, con la adición de una nueva edición de *Diritto e cultura* (sobre la cual cfr. *infra*) y de otros cuatro ensayos de diferente temática, fue publicada de nuevo enseguida después de la desaparición del autor, al cuidado de A. Carrino y con prefacio de N. Bobbio (R. Treves. *Il diritto come relazione. Saggi di filosofia della cultura*, Napoli, Edizioni Scientifiche Italiane, 1993).

deja abierta ninguna vía para una metafísica, ni del pensamiento individual, ni de la exigencia social; es más, sustituye, implícitamente, toda metafísica positiva por una metafísica, por así decirlo, negativa, es decir, la metafísica de la simplificación, de la matematización, de la supresión de todo valor y de toda concreción[10].

Más tarde, profundizando en el pensamiento de Kelsen con ocasión de la edición italiana de la *Doctrina pura* editada por él mismo[11], Treves modificaría profundamente su propio juicio y, es más, en diferentes ocasiones se dedicaría a defender a Kelsen de las críticas recurrentes tanto en relación con su pretendido formalismo como con su pretendida abstracción.

La manera como Treves llegó finalmente a esta conclusión respecto de la obra de Kelsen y, más en general, del formalismo y el antiformalismo en relación con el derecho, puede ser aún hoy motivo de reflexión.

Un elemento significativo para este propósito es la lectura del tercer libro publicado por Treves en la primera fase de su producción, dedicado a Wilhelm Schuppe y a la teoría de la experiencia jurídica[12]. Resulta singular que

---

10 *Il diritto come relazione*, cit., p. 123 (nueva ed. 1993, p. 96). En el mismo año, aun antes del libro ya citado y de manera simultánea con la aparición de la *Reine Rechtslehre*, el autor había publicado una traducción de la primera versión de la obra, todavía incompleta (en *Archivio giuridico*, 1933, vol. 2, pp. 53 y ss.), así como una reflexión sobre las bases fundamentales de la obra de Kelsen (R. Treves. *I fondamenti filosofici della dottrina pura del diritto di Hans Kelsen*, en Atti della R. Accademia delle Scienze, Torino, 1934).

11 Sobre lo cual, cfr. *infra*, par. 4.

12 R. Treves, *Il problema dell'esperienza giuridica e la filosofia dell'immanenza di G. Schuppe*, Milano, Giuffrè, 1938.

en los estudios sobre Treves (incluidos los míos propios y, diría, aun las autointerpretaciones del autor) esta obra de gran aliento, que habría debido garantizarle a Treves el acceso a la cátedra, sea menos considerada de lo que sería necesario. A una mirada atenta, en cambio, no escapa que el paso a través de otras corrientes de pensamiento y, en particular, un autor no hostil al positivismo filosófico, próximo al empirio-criticismo y, como tal, decididamente antimetafísico, pudo tener su peso en la evolución del pensamiento del autor. En efecto, en su producción posterior se harán más constantes, por una parte, el rechazo de toda metafísica, y por otra, la reivindicación cada vez más nítida de un conocimiento directo, a través de la experiencia, de los fenómenos sensibles. En el libro sobre Schuppe, Treves da un paso importante en esta dirección, aproximándose, por un lado, al inmanentismo de Benedetto Croce, y por otro, a la filosofía de la experiencia, que tenía eco en diferentes autores italianos como Felice Battaglia, Antonio Falchi, Giuseppe Castiglia, Antonio Banfi y Giuseppe Capograssi[13]. Y de gran importancia resulta asimismo el relieve dado a Savigny como sostenedor de un conocimiento experiencial del derecho[14] y, no menos, el reconocimiento de que una forma de experiencia semejante puede desembocar en la sociología, como en el caso de Geoges Gurvitch[15], quien se convertirá en uno de los autores preferidos de Treves en su "tránsito a la sociología

---

13 Cfr., en especial, *Il problema dell'esperienza giuridica*, pp. 125 y ss. (en particular la adhesión a las tesis de Capograssi, p. 128, nota 1).

14 Ibíd., pp. 97 y ss.

15 Ibíd., p. 127. Treves le dedicó a Gurvitch, entre otras cosas, el ensayo introductorio de la edición italiana de su *Sociologia del diritto* (Milano, Etas Kompass, 1967) y el artículo "La sociologie du droit

del derecho", como a menudo es descrito el desarrollo de su producción[16].

Con el libro sobre Schuppe se cierra aquella que hemos definido como la primera fase de la obra de Treves, obligado a emigrar a Suramérica por las leyes raciales, debido a las cuales su carrera universitaria en Italia se vio de improviso truncada[17].

EL PERIODO ARGENTINO

Treves llegó entonces a Argentina a finales de 1938 para asumir la enseñanza de la Teoría General del Derecho en la Universidad de Tucumán, a la que se agregó muy pronto la enseñanza de la sociología. Era un joven estudioso formado, como ya se ha recordado, en el peculiar clima

---

de Georges Gurvitch", *Cahiers Internationaux de Sociologie*, 1968, XLV, pp. 55 y ss.

16 A. Tanzi. *Renato Treves: dalla filosofia alla sociologia del diritto*, Napoli, Edizioni Scientifiche Italiane, 1988; M. G. Losano. *Renato Treves, sociologo tra il vecchio e il nuovo mondo*, Milano, Unicopli, 1998.

17 Cuando apareció su libro sobre Schuppe, Treves era profesor encargado de Filosofía del Derecho en la Facultad de Jurisprudencia de la Universidad de Urbino, la cual había convocado el concurso para proveer su cátedra. Solo que, debido a las leyes raciales adoptadas en noviembre de 1938, el autor fue excluido del concurso mediante decreto ministerial y partió enseguida hacia Uruguay, adonde había sido invitado para dictar un ciclo de conferencias sobre la filosofía neokantiana. De allí se transfirió a Tucumán, en Argentina, en donde se hizo cargo de la enseñanza de los cursos de Teoría del Derecho y de Sociología. Al respecto cfr., recientemente, el excelente C. Nitsch. *Renato Treves esule in Argentina. Sociologia, filosofia sociale, storia*, Memorie dell'Accademia delle Scienze di Torino, Classe di Scienze Morali, Storiche e Filologiche, Serie V, vol. 38, fasc. 2, Torino, Accademia delle Scienze di Torino, 2014.

cultural italiano de la época, y sin embargo abierto a las corrientes de pensamiento extranjeras, especialmente alemanas, pero también, en menor medida, francesas. En el país suramericano este bagaje cultural se fundió con otras experiencias de no menor importancia: por una parte, el ambiente de los así llamados *fuoriusciti* [exiliados], no solo italianos antifascistas y en particular judíos, sino también españoles provenientes de la guerra civil[18]; por otra, la cultura anglosajona descuidada en Italia y, en cambio, ya difundida en el crisol de las sociedades latinoamericanas.

Estas nuevas experiencias se reflejaron en la producción científica del autor, bastante amplia en relación con la duración relativamente breve –ocho años– de su permanencia en Argentina.

En 1941 se publicó *Sociología y filosofía social*[19], un trabajo predominantemente epistemológico que afronta el tema del conocimiento de la sociedad y expresa ya, *in nuce*, aquel perspectivismo relativista que será la marca distintiva de toda la producción posterior del autor. En efecto, examinando las más diversas concepciones sociológicas y filosóficas –"enciclopedismo positivista", "filosofía social", "sociología formal"– Treves advierte que existe

---

18 Cfr. los ensayos de Treves publicados en la segunda parte de *Sociologia e socialismo* (pp. 63 y ss.) y dedicados a las relaciones con otros exiliados, entre los cuales los italianos Gino Germani, Rodolfo Mondolfo y Benvenuto Terracini y el español Francisco Ayala, con quien Treves mantuvo en Argentina un intenso debate sobre liberalismo y socialismo (cfr. *Antifascismo italiano e spagnolo nell'esilio argentino*, pp. 85 y ss.).

19 R. Treves, *Sociología y filosofía social*, Losada, Buenos Aires, 1941. Sobre este libro cfr. las significativas consideraciones en G. Maggioni, "Renato Treves sociologo in Argentina", *Studi Urbinati B, Scienze Umane e Sociali*, 1995, par. 2.

entre ellas un tejido común, ya que cada una, explícitamente o no, se plantea los mismos problemas de las otras y, de igual modo, contiene "un núcleo de verdad" relativo al contexto histórico y cultural en el que ha sido formulada. Al término de una confrontación con autores como Vierkandt, Von Wiese, Simmel, Freyer y Scheler, el autor sostiene que la sociología y la historia convergen y reconoce en la teoría weberiana el origen de esta posición. Resulta significativo que el libro contenga como apéndice un análisis de las doctrinas italianas, casi para subrayar el aislamiento de la cultura del país en el período del predominio neoidealista y del régimen fascista.

Introducción a las investigaciones sociales[20], aparecido solo un año después, evidencia un buen conocimiento de la investigación social en Estados Unidos y de los respectivos métodos de investigación, tanto cuantitativos como cualitativos. Y establece, asimismo, una distinción entre sociología, como ciencia eminentemente teórica, y "sociografía", como descripción de las condiciones de la vida social, a la que regresará a menudo, si bien siendo objeto de reformulaciones, en los cursos universitarios y los trabajos posteriores del autor. La obra refiere además a las investigaciones, desarrolladas junto con los estudiantes, de las condiciones de los cortadores de caña de azúcar en los conventillos en que vivían durante la estación de la cosecha. Treves está ya bien inmerso en la sociología, su "nueva materia", cuyos fundamentos adquiere de diferen-

---

20 R. Treves, *Introducción a las investigaciones sociales. Con un apéndice sobre los conventillos en la ciudad de Tucumán*, Universidad Nacional de Tucumán, Tucumán, 1942. Cfr. de nuevo, al respecto, Maggioni, ob. cit., par. 3.

tes fuentes, mantenidas bien separadas: alemanas y francesas en cuanto a la teoría y norteamericanas en cuanto a la investigación de campo. En la elección de los temas de investigación se manifiesta claramente la orientación del autor hacia los problemas sociales y la conexión, que será mantenida a lo largo de toda su vida, entre sociología, reforma social y socialismo.

El período argentino de Treves es supremamente fértil también en lo que concierne a su compromiso en materia de filosofía política, que él cultiva como estudioso, pero siguiendo el delgadísimo filo que divide el análisis del compromiso directo. En esta clave puede leerse su libro sobre Benedetto Croce, "filósofo de la libertad", dirigido a difundir en América Latina el pensamiento del más influyente filósofo italiano de la época, cuyo liberalismo, luego de los titubeos iniciales, se había traducido en antifascismo declarado, si bien defendido a través de los escritos más que en la militancia. El liberalismo era para Croce, en efecto, una elección intelectual, "pre-partidista", claramente puesta en evidencia por Treves en el curso de un análisis que denota tanto la influencia de Croce en su pensamiento –primacía de la libertad como condición primera de la convivencia social, distinción entre ciencia y política, sociología como historia, fundamento ideal, casi idealista, del socialismo liberal en el que se inspiraba Treves (y que Croce criticaba)– como los puntos de distanciamiento del pensamiento crociano, considerado conservador, individualista, orientado a la santificación del pasado[21].

---

21 R. Treves. *Benedetto Croce filósofo de la libertad*, Buenos Aires, Imán, 1944. La obra apareció recientemente en italiano con una intro-

El examen de estas obras, concebidas en el breve lapso de un cuatrienio (1939-1943), revela, en opinión de quien escribe[22], que es precisamente en el período argentino cuando Treves madura las condiciones intelectuales que lo acompañarán el resto de su vida. En efecto, aquí encontramos claramente: a) una orientación historicista, en el sentido de la raíz histórica de las concepciones sociológicas, separada del determinismo evolucionista del positivismo filosófico; b) el perspectivismo relativista del autor, no escéptico y menos aún nihilista, sino convencido del carácter histórico-temporal de los diferentes puntos de vista y dirigido a la búsqueda de aquel "núcleo de verdad" que es posible identificar en toda teoría no absolutista[23]; c) el respeto del método científico, pero con la conciencia de que tampoco el dato empírico es objetivo, pudiendo ser leído y reinterpretado de acuerdo con diferentes perspectivas, y d) la sensibilidad hacia la dimensión ideológico-política de las doctrinas no solo filosóficas sino también sociológicas, pero con la conciencia (ética) de que las tareas del científico y del político son diferentes, en cuanto –como dirá en su momento– crítica la una y dogmática la otra[24].

---

ducción de P. Bagnoli (*Benedetto Croce filosofo della libertà*, Firenze, Polistampa, 1998).

22 Últimamente he expuesto esta convicción en el debate sobre el libro de Carlo Nitsch (cfr. *supra*, nota 17) que tuvo lugar en la Universidad de Nápoles "Federico II", el 27 de febrero de 2016. Recurro en gran parte a los apuntes tomados con motivo de dicha importante ocasión.

23 Sobre el relativismo de Treves, cfr. G. M. Chiodi. *L'episteme relativistica di Renato Treves*, en V. Ferrari, M. L. Ghezzi y N. Gridelli Velicogna, *Diritto, cultura e libertà*, cit. pp. 83 y ss.

24 R. Treves, *La sociologia del diritto, oggi*, Napoli, Guida, 1982.

La profunda reflexión de los años del exilio, de la que surgen asimismo numerosos escritos "menores", pero no menos importantes que los volúmenes de gran aliento, culmina con *Diritto e cultura*[25], obra concebida en Argentina y aparecida simultáneamente en italiano y castellano en el momento del regreso a Italia del autor. Este pequeño volumen, de gran densidad, transfunde al campo del derecho las convicciones epistemológicas apenas recordadas.

La obra –escribe Treves–

> [...] tiene por objeto el planteamiento y el estudio del problema filosófico del derecho tal como se presenta en aquellas direcciones del pensamiento moderno que no admiten otra realidad jurídica fuera de la positiva e histórica y no conciben otra doctrina del derecho natural fuera de la especulación valorativa y crítica de esta realidad[26].

En este cuadro juspositivista (que no se debe confundir con el positivismo filosófico y sociológico), Treves formula los clásicos problemas filosófico-jurídicos del "con-

---

25 R. Treves. *Derecho y cultura*, Buenos Aires, Depalma, 1947 (*Diritto e cultura*, Torino, Giappichelli, 1947), p. 5. La obra sería publicada dos veces en italiano, de nuevo por iniciativa de Agostino Carrino, la primera en 1989, por Edizioni di Lavoro de Roma, con presentación del propio Carrino y con la adición, en apéndice, de un ensayo de quien escribe ("Svolte e continuità nella sociologia del diritto di Renato Treves", ya aparecido en 1988 en *Contratto e Impresa*, la revista dirigida por Francesco Galgano), y la segunda en 1993, en *Il diritto come relazione. Saggi di filosofia della cultura*, cit. Las citas son tomadas de la edición original italiana.

26 *Derecho y cultura*, cit., p. 5.

cepto de derecho" y de la "idea del derecho", que considera inseparables y sustancialmente coincidentes, pero traducibles en una multiplicidad de cuestiones diferentes, concernientes en especial a las relaciones entre derecho y hechos, y a los "factores ideales y reales" de la vida social del derecho[27]: cuestiones –afirma el autor– que se han de afrontar con diferentes instrumentos de reflexión y observación. Sentadas estas bases, el autor reconduce el derecho a la esfera cultural de la sociedad, distanciándose de Croce (quien, haciéndose eco del marxismo, lo reconducía a la esfera de la actividad económica) y aproximándose a autores como Max Scheler y Karl Mannheim. De este modo la filosofía del derecho se traduce en observación de la realidad jurídica, distinta del punto de vista de la jurisprudencia y necesitada del aporte de conocimientos científicos diferenciados. Con ello, entonces, esta desemboca en la sociología, ya que

> [...] la tendencia a vincular y hasta resolver la filosofía del derecho en la sociología es inaceptable solamente cuando se entiende esta última disciplina en el sentido del positivismo, es decir como ciencia natural, pero responde en cambio a una exigencia profunda y legítima cuando se la entiende en sentido distinto: como filosofía social, o como sociología de la cultura y del saber, o, en general, como doctrina de la vida y de la historia[28].

27 Ibíd., p. 73.
28 Ibíd., p. 85.

El "tránsito" de Treves de la filosofía del derecho a la sociología del derecho es entonces anunciado y teorizado. A su regreso a Italia, el autor seguirá enseñando filosofía del derecho y ocupándose de esta científicamente. Pero sus principales energías estarán cada vez más dirigidas hacia el renacimiento de la sociología italiana tras el largo abandono y, en especial, hacia la fundación de la sociología del derecho como campo de investigación científica y materia de enseñanza universitaria.

EL MAGISTERIO MILANÉS

Treves regresa a Italia a finales de 1947 y enseguida se ve enfrentado a pesados obstáculos burocráticos derivados de su solicitud de revisión del concurso de 1938, del que había sido excluido por las leyes raciales[29]. Una vez superados llega, primero, a la Universidad de Parma a la cátedra que había sido de Alessandro Levi, para trasladarse después, en 1948, a la Facultad de Jurisprudencia de la Universidad de Milán, en sustitución de Alessandro Groppali, dos estudiosos diferentes en cuanto a inspiración científica, pero en consonancia con Treves en términos ideales y de valores.

Como se ha señalado, la actividad milanesa del estudioso se desarrolla siguiendo el doble carril filosófico y sociológico, que por lo demás se entrecruzan continuamente y que he diferenciado solo por comodidad expositiva.

Desde el punto de vista filosófico es relevante ante todo la edición italiana de la *Reine Rechtslehre*, ya citada,

29 Al respecto cfr. de nuevo Nitsch, *Renato Treves*, cit.

publicada en 1952 por el editor Einaudi de Turín[30] y que abre en Italia una muy fértil temporada de estudios sobre el jurista austríaco[31], destinada a prolongarse largo tiempo no obstante las recurrentes críticas, en especial de carácter ideológico, formuladas a Kelsen desde las más diversas orillas, en especial la católica y la marxista. Más allá de la muy cuidada traducción, Treves contribuye a la compresión del autor, en especial, rechazando la calificación de formalista comúnmente atribuida a este por los críticos. Dicha etiqueta –señala agudamente en el prefacio al pequeño volumen[32]– es incompatible con la teoría kelseniana de la interpretación, la cual reconoce

---

30 H. Kelsen. *La dottrina pura del diritto* (1934), R. Treves (ed.), Torino, Einaudi, 1952. Tras la aparición en 1960 de la segunda edición ("americana") de la *Reine Rechtslehre*, editada en italiano al cuidado de M. G. Losano (*La dottrina pura del diritto*, Torino, Einaudi, 1966), el pequeño volumen de 1952 fue publicado de nuevo varias veces en italiano con el título (acordado con Kelsen) *Lineamenti di dottrina pura del diritto*, 1.ª ed., Torino, Einaudi, 1967.

31 El kelsenismo fue durante largo tiempo (y en parte lo es aún) la bandera de la corriente analítica de la filosofía del derecho italiana, gracias en especial a la autoridad de Norberto Bobbio, quien luego de un interés inicial por las doctrinas fenomenológicas adhirió a los principios de la doctrina kelseniana y construyó en gran parte sobre ella su propia teoría general del derecho. Además de la *Dottrina pura* editada por Treves, otras importantes obras de Kelsen aparecieron pronto en edición italiana, empezando por *Teoria generale del diritto e dello Stato*, Sergio Cotta y Giuseppino Treves (trads.), Milano, Comunità, 1952, seguida por la edición "americana" de la *Reine Rechtslehre*, traducida e introducida por Mario G. Losano en 1966.

32 R. Treves. "Prefazione" a H. Kelsen. *Lineamenti di dottrina pura del diritto*, 1976, cit., pp. 23 y ss., en especial p. 28. Cfr. asimismo el prefacio a la edición original de 1952, publicado de nuevo en esta edición (pp. 11 sy s.).

el carácter parcialmente creativo de la actuación del juez y disipa, de este modo, el mito de la certeza del derecho. Esta y otras constataciones, por ejemplo, acerca de la concepción del derecho como "técnica social", conducirán a Treves a contemplar bajo otra luz la posición de Kelsen frente a la sociología del derecho, considerada compatible con su pensamiento una vez separada de la ciencia jurídica y entendida –como decía Kelsen– como disciplina que se ocupa "de los hechos en relación con el derecho"[33].

Como se señaló al comienzo, en el curso de los años la influencia del kelsenismo en Italia ha disminuido y los estudios sobre Kelsen, o de inspiración kelseniana, han perdido el contacto con la obra de Treves, cada vez menos citado. Sin embargo, no parece que sus posiciones, apenas recordadas, hayan perdido su actualidad.

Siempre en el campo filosófico, Treves reitera su posición relativista y sobre todo perspectivista. Al respecto resulta significativa *Spirito critico e spirito dogmatico*, de 1954, obra en la que, confrontándose en especial con Karl Mannheim y José Ortega y Gasset[34], sostiene la compatibili-

---

33 Sobre la posición de Treves respecto de Kelsen y la sociología del derecho cfr., por ejemplo, la colección de escritos de H. Kelsen y R. Treves. *Formalismo giuridico e realtà sociale*, S. L. Paulson (ed.), Napoli, Edizioni Scientifiche Italiane, 1992; y además, el ensayo "Sociologia del diritto e sociologia dell'idea di giustizia nel pensiero di Hans Kelsen", *Sociologia del diritto*, VIII, 3, 1981, pp. 7 y ss., así como la introducción de Kelsen a la segunda edición italiana de Kelsen. *Società e natura*, Torino, Bollati Boringhieri, 1992, publicada luego con el título "Società e natura nell'opera di Hans Kelsen", en *Sociologia del diritto*, XVIII, 3, 1991, pp. 33 y ss.

34 Sobre estos dos autores, preferidos por Treves, cfr. sus ensayos *La sociologia politica di Karl Mannheim* (1948) y *La filosofia politica di José*

dad de los diferentes puntos de vista y la obligación ética de no considerar nunca definitivas las propias conclusiones y acoger también la opinión contraria "cuando se encuentre sólidamente fundada y rigurosamente demostrada"[35]: concepto muchas veces reiterado y bien conocido por los discípulos de Treves –una suerte de "manifiesto" de su pensamiento crítico[36].

Ejemplar respecto del pensamiento filosófico-jurídico de Treves, y relevante también por su influencia sobre muchas generaciones de estudiantes, es el contenido de sus lecciones de filosofía del derecho, publicadas en numerosas ediciones por más de veinte años, siempre a ciclostil[37]. Estas, en efecto, expresan perfectamente la

---

Ortega y Gasset (1954), ambos publicados de nuevo en R. Treves. *Libertà politica e verità*, Milano, Comunità, 1962, pp. 165 y ss. y 63 y ss., respectivamente. En cuanto al filósofo español, hace parte del bagaje compartido de memorias sobre Treves la célebre frase de Ortega y Gasset (*El tema de nuestro tiempo*, 1923), por él mismo citada: "Pero es el caso que la realidad, como un paisaje, tiene infinitas perspectivas, todas ellas igualmente verídicas y auténticas. La sola perspectiva falsa es esa que pretende ser la única".

35 R. Treves. *Spirito critico e spirito dogmatico*, Milano, Istituto Editoriale Cisalpino, 1954. El volumen reúne tres ensayos, el primero de los cuales, ofrecido por la Universidad de Milán en la celebración de los 200 años de la Columbia University. La obra fue nuevamente publicada en 2009 en las ediciones F. Angeli de Milán (*Spirito critico e spirito dogmatico: il ruolo critico dell'intellettuale*, con ensayos de V. Ferrari, A. Giasanti, G. Martinotti y D. Narducci).

36 *Spirito critico e spirito dogmatico*, 1954, cit., p. 15. Sobre estos conceptos, entre los discípulos de Treves, insiste en especial M. L. Ghezzi. *La scienza del dubbio. Volti e temi della sociologia del diritto*, Milano-Udine, Mimesis, 2009, pp. 21 y ss.

37 R. Treves. *Lezioni di filosofia del diritto. Appunti ad uso degli studenti*, Milano-Varese, Cisalpino-La Goliardica (numerosas ediciones de 1948 a 1968).

profunda convicción del autor en el sentido de que la filosofía del derecho, si no cae de nuevo en la metafísica jusnaturalista ilusoriamente orientada a la búsqueda de verdades absolutas (como ocurre, a su modo de ver, también con las doctrinas juspositivistas e historicistas), no puede no resolverse en metodología, teniendo por objeto la reflexión crítica sobre las doctrinas filosófico-jurídicas, sobre la ciencia jurídica y naturalmente, en su vida social, sobre el derecho: en este último caso, desembocando en la sociología del derecho.

Se trata de una desembocadura que para Treves fue más apremiante que cualquier otra cosa durante las décadas de enseñanza en Milán. El renacimiento de la sociología italiana lo ve en primera fila, defendiendo las orientaciones laicas y democráticas (siendo por ello a menudo criticado tanto desde la orilla católica como desde aquella nostálgica del fascismo). Aquí se engasta su fértil colaboración con el Centro Nazionale di Prevenzione e Difesa Sociale (CNPDS), cuyo líder, el magistrado Adolfo Beria di Argentine, lo involucra en una creciente serie de actividades. Entre estas destaca, en 1959, la organización, en Stresa, del Congreso de la International Sociological Association, en el que Treves presenta el informe sobre el estado de la sociología italiana[38] y, al término del evento, entra a formar parte del comité ejecutivo de la organización. En el posterior Congreso de 1962, en Washington, será nombrado vicepresidente de la ISA y presidente del recién nacido Research Committee on Sociology of Law, dos cargos que le darán una acentuada visibilidad inter-

---

38 R. Treves. "Gli studi e le ricerche sociologiche in Italia", en AA.VV. *La sociologia nel suo contesto sociale*, Bari, Laterza, 1960, pp. 172 y ss.

nacional, atenuada tan solo con las "revoluciones culturales" iniciadas en 1968, cuando las posiciones políticas extremas (por él rechazadas en cuanto dogmánticas y absolutistas) se dirigieron contra su confianza en la investigación social y contra su socialismo democrático y liberal, nunca renegado.

En este contexto particular, Treves es involucrado en importantes proyectos de investigación y se dedica en especial a "construir" la sociología del derecho en el plano científico y académico, en vista de su reconocimiento como disciplina de enseñanza. La fundación en 1974 de la revista *Sociologia del diritto*, que ha alcanzado ya el 43.º año de vida, es un coronamiento significativo de esta actividad.

Crucial en el cuadro de su experiencia resulta la coordinación de la investigación interdisciplinar del CNPDS sobre "La administración de justicia y la sociedad italiana en trasformación", desarrollada por un nutrido equipo de estudiosos a comienzos de los años 60, con la publicación de quince volúmenes entre 1967 y 1976. La relación final de Treves ofrece un cuadro problemático de la misma, centrado en la distinción de las diferentes contribuciones según sus respectivas orientaciones ideológico-políticas, reconduciéndolas a las macro-teorías sociológicas de la época: el estructural-funcionalismo, el conflictualismo dicotómico de inspiración marxista y el conflictualismo pluralista, al que el autor adhiere[39]. La compleja investiga-

---

39 R. Treves. *Giustizia e giudici nella società italiana*, Bari, Laterza, 1972. La obra fue traducida al castellano: *El juez y la sociedad: una investigación sociológica sobre la administración de la justicia in Italia*, F. J. Laporta y A. Zaragoza [trads.], Madrid, Edicusa, 1974.

ción, que aparece en pleno *turmoil* post 68, es acogida con interés, pero también con críticas, en particular "desde la izquierda", por su pretendido "cientifismo": posición que, como se ha visto, Treves siempre había rechazado desde sus primeros trabajos sociológicos en Argentina.

Al definir el estatuto científico de la sociología del derecho, Treves mantiene firmes algunos puntos, si bien con oscilaciones coherentes con su proverbial duda gnoseológica. Es significativa, por ejemplo, su insistencia en la distinción entre "sociología del derecho" y "jurisprudencia sociológica", la primera concebida como rama especializada de la sociología, de la que asume parámetros teóricos y método de investigación, y la segunda entendida como uso consciente (siguiendo el modelo de la *sociological jurisprudence* norteamericana) de datos sociológicos en la interpretación doctrinal y jurisdiccional del derecho vigente[40]. Sociólogo por convicción, pero jurista de formación, opta por la primera concepción, pero no rechaza nunca la segunda, sostenida con fuerza (y a menudo en polémica con él) por otros estudiosos, en particular Giovanni Tarello, jusrealista convencido y convincente. Igualmente significativa es su duda recurrente en cuanto a la subsistencia de una diferencia sustancial entre sociología del derecho (y sociología) teórica y empírica, esta última coincidente con la ya recordada "sociografía".

---

40 Esta distinción es recurrente en el pensamiento socio-jurídico de Treves; cfr., por ejemplo, "Considerazioni intorno alla sociologia giuridica", *Rivista trimestrale di diritto e procedura civile*, 1960, pp. 1609 y ss.; "Two Sociologies of Law", en B.-M. Blegvad, C. N. Campbell y C. J. Schuyt (eds.). *European Yearbook in Law and Sociology*, 1977, pp. 121 y ss.; "Due sociologie del diritto", *Sociologia del diritto*, XIX, 2, 1992, pp. 11 y ss.

Sus obras de introducción a la sociología del derecho, entre las primeras en aparecer en la posguerra a nivel internacional, reflejan estas oscilaciones, si bien gradualmente se hacen más nítidas las convicciones del autor. La primera, de 1977[41], es completamente reelaborada en 1980 sobre la base de una distinción formal entre teoría e investigación. La segunda[42] abandona esta distinción, si bien refunde buena parte de la anterior en la reconstrucción del desarrollo histórico de la disciplina, y ofrece una nueva y, en muchos sentidos, original interpretación. Como ya se indicó, el autor distingue en la sociología del derecho dos problemáticas, respectivamente macro ("el derecho en la sociedad") y micro ("la sociedad en el derecho"), y sobre esta base incluye entre los "precursores" de la sociología del derecho a todos aquellos estudiosos, sociólogos, juristas o escritores políticos (por lo tanto, también Durkheim, Ehrlich, Marx y muchos otros) que han desarrollado una u otra problemática, sin fundirlas. E identifica en Max Weber, Georges Gurvitch y Theodor Geiger a los verdaderos fundadores de la sociología del derecho "madura", precisamente por su capacidad de reunir las dos diferentes perspectivas. Además, señala el giro

---

41 R. Treves. *Introduzione alla sociologia del diritto*, Torino, Einaudi, 1977, 2.ª ed., 1980. La obra fue prontamente traducida al español (*Introducción a la sociología del derecho*, M. Atienza [trad. y nota preliminar], Madrid, Taurus, 1978).

42 R. Treves- *Sociologia del diritto. Origini, ricerche, problemi*, Torino, Einaudi, 1987, 2.ª ed., 1988, continuamente publicada de nuevo hasta años muy recientes (en la última ocasión con introducción de M. G. Losano) y traducida al español (*La sociología del derecho. Orígenes, investigaciones, problemas*, M. Atienza y M. J. Añón [trads.], Barcelona, Ariel, 1988) y al francés (*La sociologie du droit*, W. Baranès y O. Simsek [trads.], prefacio de J. Carbonnier, Paris, LGDJ, 1992).

empirista de la sociología del derecho en la posguerra, inspirado por la sociología norteamericana, y se detiene en los más recientes desarrollos de la disciplina, escribiendo páginas claras sobre las investigaciones empíricas y sobre las teorías corrientes, entre las cuales la de Niklas Luhmann, que Treves muestra haber comprendido en su núcleo esencial, pero que acusa de oscuridad. Concluye la obra expresando su preferencia por la sociología crítica de autores como Charles Wright Mills y Ralf Dahrendorf y manifestando su propia posición liberal-socialista, al lado de autores como Carlo Rosselli y Guido Calogero, de manera coherente con su convicción de que el estudioso, precisamente en cuanto observa la realidad desde su perspectiva, nunca puede prescindir de los valores que lo inspiran y por lo tanto debe, por honestidad intelectual, declararlos explícitamente[43].

CONCLUSIONES

Este escrito comenzó por recordar que han transcurrido casi veinticinco años desde la desaparición de Renato Treves, quien, para la época, si bien muy activo, tenía ya 85 años. Es preciso tener en cuenta el larguísimo tiempo

---

43 No es casual que Uberto Scarpelli, tenaz defensor de la distinción entre discurso descriptivo y discurso prescriptivo, critique este "matrimonio" entre sociología del derecho y liberal-socialismo en su (elogiosa) reseña del volumen, aparecida en el principal diario financiero de Italia ("Il diritto dietro le lenti di un liberal-socialista", *Il sole-24 ore*, 22 de marzo de 1987). Sobre el tema de los valores en la investigación, cfr. R. Treves. *Sociologia del diritto. Origini, ricerche, problemi*, cit., pp. 222 y ss.

transcurrido desde cuando el autor concibió y escribió sus trabajos.

De cara a los cambios producidos, el pensamiento de Treves parece hijo de su tiempo y ciertamente resultará en algunos puntos superado a los estudiosos de hoy en día. Uno de estos es su concepción de la sociedad, por él siempre vista en términos antropomórficos, rechazando una imagen más abstracta, simbólica, que se ha venido imponiendo desde la enseñanza weberiana en adelante. De Weber, Treves ha aceptado la convergencia en cuanto al método entre historia y sociología, así como la posición divisionista que distingue la tarea del jurista de la del sociólogo del derecho y del político. Sin embargo, aunque viendo claramente la importancia de los tipos ideales weberianos en el proceso de comprensión, no le da el justo peso a su reflejo comunicativo. Que la sociedad esté compuesta por "hombres" y no por "comunicaciones entre hombres" permaneció para él un punto firme, con consecuencias visibles. En primer lugar, un cierto grado de indiferencia hacia la sociología interaccionista, que se torna casi dificultad para admitir sus aplicaciones al campo de la criminología crítica, desde cuya orilla, por otra parte, le habían sido dirigidas fuertes críticas[44]. En segundo lugar, es preciso recordar su actitud crítica frente a Luhmann, más allá de su juicio sobre la oscuridad del autor, compartido por otros[45] y sin embargo discutible si

---

44 G. Baronti y T. Pitch. "Sociology of Law and the Problematic of the Social Sciences in Italy", *Law and Society Review*, vol. 12, n.º 4, 1978, pp. 665 y ss.

45 En particular, Norberto Bobbio. "Intorno all'analisi funzionale del diritto", *Sociologia del diritto*, II, 1975, 1, p. 24, en espec. nota 38.

se tienen en cuenta las innovaciones conceptuales y terminológicas[46] del pensamiento del sociólogo alemán.

Naturalmente, otros puntos del pensamiento de Treves podrían ser puestos en discusión. De lo dicho en las páginas anteriores se pueden intuir los aspectos problemáticos de su pensamiento en lo que concierne tanto a la filosofía del derecho, en particular su gradual adhesión a las teorías kelsenianas, como a su concepción de la sociología del derecho.

Más allá de las críticas, es el caso de augurarnos que los lectores no dejen de lado, en uno y otro campo, algunos aportes esenciales de la enseñanza de Treves. Acerca de la interpretación de Kelsen, la intuición de que la doctrina pura del derecho, aun siendo formal, no puede definirse "formalista", sino que casi abre la vía al antiformalismo como será practicado, por ejemplo, por las corrientes jusrealistas, se debe a él, tal vez en primer lugar, y encuentra una precisa confirmación en la obra del último Kelsen, en particular en la *Allgemeine Theorie der Normen*, en donde toda huella de formalismo parece haber desaparecido. Así mismo, la invitación de Treves a considerar a Kelsen sobre la base de toda su obra, superando su divisionismo categorial de matriz kantiana, no es fácil de desmentir. Y el puente arrojado entre la doctrina pura, que concibe el derecho como "técnica social", y la sociología del dere-

46 Como me dijo una vez en privado Ralf Dahrendorf, para comprender a Luhmann es preciso considerar que su pensamiento es sobre todo "un léxico", una suerte de dominó en el que cada definición se conecta con la anterior de manera (¡no sorprendentemente!) autorreferencial.

cho, ha abierto caminos importantes, también para superar contrastes a menudo más académicos que científicos.

Todo ello debe ser ciertamente actualizado e integrado, pero puede aún hacer parte del bagaje de un jurista que quiera mirar tras el velo de las apariencias del derecho, consolidadas por una dogmática jurídica hoy más intolerante que unas décadas atrás, aunque cada vez más aislada entre las ciencias sociales, y cada vez menos capaz de darse cuenta de la grave crisis que el derecho experimenta prácticamente en todas partes. Ante esta involución, la apertura de los estudios jurídicos hacia las ciencias sociales debería resaltar aún más claramente que en el pasado. Naturalmente, se podrá discutir la definición de la sociología del derecho como ciencia que se ocupa de las "relaciones entre derecho y sociedad", enfrentadas ora teoréticamente, ora con método –como Treves solía decir– "prevalentemente empírico"[47]. La distinción entre derecho y sociedad puede ser contestada por quien, en nombre de una concepción sistemática y comunicativa de las relaciones sociales, considera que el derecho es parte *de la* sociedad[48]. Y esta misma concepción inspira críticas respecto del carácter fragmentario de la metodología empírica, a menudo recurrentes en la historia de las ciencias sociales: pero aquí hay que subrayar, por una parte, que se trata de una posición minoritaria, como revela la multitud de investigaciones que se acumula en todas partes del

---

47 Véase este planteamiento, por ejemplo, en su documento de presentación de la revista por él fundada en 1974 ("Tre concezioni e una proposta", *Sociologia del diritto*, 1,1, pp. 1 y ss.).

48 Como en el caso de N. Luhmann, cfr., en especial, *Das Recht der Gesellschaft*, Frankfurt a. M., Suhrkamp, 1993.

mundo, también en el campo del derecho[49]; y por otra, en lo que concierne a Treves, que este siempre puso en guardia sobre la necesidad de no mirar al dato empírico como algo objetivo e indiscutible, reconociendo el carácter "prospéctico", y por lo tanto la parcialidad, de toda observación.

Mirando al mundo actual, una vez más, me parece que precisamente el perspectivismo gnoseológico constituye el legado de Treves más importante y durable. El que esta actitud vaya en sentido contrario a algunas tendencias hoy predominantes no solo en política sino, infortunadamente, también en la ciencia, es algo que no requiere ser demostrado. Pero sería un grave error considerarla inactual. Por el contrario, es más urgente que nunca reafirmar el principio de la duda y el deber de autocrítica que pesa sobre todo estudioso, en especial en los ambientes en donde prosperan aquellas certezas absolutas que a menudo están destinadas a soportar –como se suele decir– las "duras réplicas de la historia".

---

49 Basta revisar revistas como la *Law and Society Review* o, en los últimos años, el *Journal of Empirical Legal Studies*, para constatar que los estudios empíricos, hoy en día mucho más refinados que en el pasado, siempre han sido centrales en los estudios sociológicos sobre el derecho.

Bibliografía de Vincenzo Ferrari

LIBROS Y ARTÍCULOS

1. "Appunti sull'art. 45 della legge fallimentare", *Il Foro padano*, 1963, I, pp. 989-991.
2. "Osservazioni sulla posizione degli apprendisti nell'impresa", *Il Foro padano*, 1965, I, pp. 106-110.
3. "Un convegno sulla metodologia delle scienze giuridiche", en R. Treves (a cura di), *Nuovi sviluppi della sociologia del diritto*, Ed. Comunità, Milano 1968, pp. 139-146.
4. "Problemi attuali della sociologia del diritto", *Quaderni di sociologia*, 1972, gennaio-marzo, pp. 124-125.
5. *Successione per testamento e trasformazioni sociali*, Ed. Comunità, Milano 1972, pp. 182. (Esiste una traduzione non ufficiale en holandés, di Elly Kettner, ciclostilata e con modifiche formali, ad uso degli studenti: *Erfopvolging uit Hoofde van Testament en Sociale Veranderingen*, Rijkuniversiteit te Leiden, 1977).
6. (con V. Pocar), "Il consulente tecnico nel processo civile. Una ricerca pilota", *Sociologia del diritto*, I, 1974, 1, pp. 109-126.

7. "Studi e ricerche di sociologia del diritto negli anni 1970-1972. Materiali e dibattiti a tre convegni", *Sociologia del diritto*, I, 1974, 1, pp. 149-157.
8. "Un convegno internazionale sull'accesso al sistema giuridico", *Sociologia del diritto*, II, 1974, 2, pp. 443-447.
9. "Some Sociological Implications Concerning Legal Aid Reform in Italy", *British Journal of Law and Society*, 1, 1974, 1, pp. 81-83 (versione abbreviata della relazione presentata alla conferenza annuale dell'I.S.A. Research Committee on Sociology of Law, Cambridge, settembre 1973).
10. "Proprietà, potere e strategia politica", *Sociologia del diritto*, II, 1975, 1, pp. 152-159.
11. (con R. Treves), cura del volume *L'insegnamento sociologico del diritto*, Ed. Comunità, Milano 1976, pp. 352.
12. "La sociologia del diritto nell'università critica", en R. Treves e V. Ferrari (a cura di), *L'insegnamento sociologico del diritto*, Ed. Comunità, Milano 1976, pp. 333-346.
13. "Sull'uso di alcuni concetti nella teoria marxista", *Sociologia del diritto*, III, 1976, 2, pp. 319-333.
14. Intervento nel dibattito sull'insegnamento della sociologia del diritto, *Sociologia del diritto*, III, 1976, 2, pp. 415-419.
15. Intervento sulla relazione di A. Baratta all'XI Congresso della Società Italiana di Filosofia Giuridica e Politica (Napoli - Sorrento, 4-7 settembre 1976), en R. Orecchia (a cura di), *La filosofia del diritto in Italia nel secolo XX*, vol. II, *La discussione*, Giuffrè, Milano 1977, pp. 127-129.
16. "Il diritto in funzione del potere. Il 'Berufsverbot' nella Repubblica Federale Tedesca", *Sociologia del diritto*, IV, 1977, 1, pp. 75-87.

17. "Socialismo e democrazia liberale: a proposito di alcuni recenti scritti di Norberto Bobbio", *Sociologia del diritto*, IV, 1977, 2, pp. 458-464.
18. "Giustizia tradizionale e giustizia alternativa in Europa", *Giustizia e costituzione*, gennaio-marzo 1978, pp. 35-38.
19. "Politica del lavoro e politica del consenso. Ipotesi sull'efficacia della legge sull'occupazione giovanile", *Sociologia del diritto*, V, 1978, 2, pp. 375-419.
20. "Absenteeism and Legal Reform", en B.M. Blegvad, C.M. Campbell, C.J. Schuyt (eds.), *European Yearbook in Law and Sociology*, M. Nijhoff, The Hague 1978, pp. 97-118.
21. (con A. Biccheddu e M. Masia), "La reazione sociale a Cagliari", en A. Giasanti e G. Maggioni (a cura di), *Opinione pubblica e devianza in Italia*, Angeli, Milano 1979, pp. 177-257.
22. (con R. Boniardi e N. Gridelli Velicogna), *Assenteismo e malattia nell'industria*, Ed. Comunità, Milano 1979, pp. 192.
23. "I 'tempi' della giustizia e la professione forense", en *Studi economico-giuridici. Pubblicazioni della Facoltà di Giurisprudenza dell'Università di Cagliari*, Vol. XLIX, tomo I, Giuffrè, Milano, 1978-1979, pp. 37-57, y en *Sociologia del diritto*, VI, 1979, 1/2, pp. 157-171.
24. (con P.S.C. Lewis e F. Lombardi), "Report on the Annual Conference of the I.S.A. Research Committee on Sociology of Law" (Uppsala, Sweden, August 14th-17th, 1978), *Sociologia del diritto*, VI, 1979, 1/2, pp. 343-357.
25. Intervento nella tavola rotonda su "Società e diritto in Marx", XII Congresso della Società Italiana di Filoso-

fia Giuridica e Politica (Ferrara, 2-5 ottobre 1978), en R. Orecchia (a cura di), *Problemi della sanzione – Società e diritto in Marx*, Vol. II, *La discussione*, Bulzoni, Roma 1979, pp. 186-191.

26. "L'analisi funzionale in sociologia del diritto. Problemi terminologici e problemi metodologici", *Sociologia del diritto*, VII, 1980, 1, pp. 43-70.
27. "Symbolischer Nutzen der Gesetzgebung zur inneren Sicherheit in Italien", en E. Blankenburg (Hrsg.), *Politik der inneren Sicherheit*, Suhrkamp, Frankfurt a.M., 1980, pp. 91-119; en versión inglesa con el título "The Policy of Law and Order in Italy: the Voice of the Power and Its Impact", *International Journal of the Sociology of Law*, 1981, 9, pp. 23-39.
28. Report on the Annual Conference of the I.S.A. Research Committee on Sociology of Law (Cagliari, Sardinia, Italy, September 19th-21st, 1979), *Sociologia del diritto*, VII, 1980, 3, pp. 229-237.
29. Cura (e traduzione) del volume M. Ginsberg, *La giustizia nella società*, Giuffrè, Milano 1981, pp. 304, e "Presentazione", pp. V-XLVI.
30. Cura del volume *Garanzie processuali o responsabilità del giudice*, Atti del Convegno di Critica Liberale, Bologna, 15-16 marzo 1980, Angeli, Milano 1981, pp. 186.
31. "Certezza del diritto e responsabilità: un paradosso", "Opinione" nel volume *sub* 30, pp. 159-164.
32. "Istruzione religiosa per la scuola pluralistica?", e "Intervento", en AA. VV., *Nuove prospettive per la legislazione ecclesiastica*. Atti del Convegno tenutosi presso l'Università di Siena nei giorni 27-29 novembre 1980.

Giuffrè, Milano 1991, rispett. pp. 813-823 e pp. 602-606.
33. "Diritto e dispute: osservazioni empiriche in una piccola comunità", *Sociologia del diritto*, 1982, pp. 25-76.
34. "La degradazione del diritto e il valore della forma", en AA. VV., *Legge, giudici, giuristi*. Atti del convegno tenutosi a Cagliari - Santa Margherita di Pula nei giorni 18-21 maggio 1981, Giuffrè, Milano 1982, pp. 46-49.
35. Intervento sulle relazioni di U. Scarpelli e V. Frosini su "La responsabilità politica", XIII Congresso della Società Italiana di Filosofia Giuridica e Politica (Pavia - Salice Terme, 28-31 maggio 1981), en R. Orecchia (a cura di), *La responsabilità politica – Diritto e tempo*, Giuffrè, Milano 1982, pp. 198-202.
36. (con R. Boniardi e N. Gridelli Velicogna), "Legal Rights in Case of Illness and Absenteeism: A Debatable Relation", in A. Baratta (ed.), *The Impact of Sociology of Law on Government Action*. Proceedings of the Annual Conference of the I.S.A. Committee on Sociology of Law, Saarbrücken, September 5-8, 1977, Peter Lang, Frankfurt a.M. 1982, pp. 379-288.
37. "Una ricerca interculturale su diritto e dispute", *Rivista trimestrale di diritto e procedura civile*, XXXVII, 1983, 1, pp. 238-251.
38. "Il cielo dei concetti e le diaboliche applicazioni: altre riflessioni in tema di ospedali psichiatrici giudiziari", *Rivista italiana di diritto e procedura penale*, 1983, 1, pp. 169-177.
39. "Reazione e pratica sociale in tema di usi civici. Osservazioni sociologico-giuridiche", *Sociologia del diritto*, X, 1983, 1, pp. 61-94, e en AA. VV., *Gli usi civici in Sardegna*, IASM, Roma, settembre 1983, pp. 373-415.

40. "Sociologia del diritto e riforma del processo", en U. Scarpelli e V. Tomeo (a cura di), *Società, norme e valori. Studi in onore di Renato Treves*, Giuffrè, Milano 1984, pp. 309-356; nonché in *Rivista trimestrale di diritto e procedura civile*, XXXVII, 1983, 4, pp. 1229-1268; inoltre, in tedesco, con alcune riduzioni e il titolo "Italien", en G. Roth (Hrsg.), *Rechtssoziologie und Prozeßrecht*, Orac, Wien 1983, pp. 83-117 (relazione presentata al VII Congresso Internazionale di Diritto Processuale, Würzburg 1983.
41. "La responsabilità del giudice. Riflessioni in margine a un articolo di Mauro Cappelletti", *Sociologia del diritto*, X, 1983, 2, pp. 113-120; tr. castigliana "La responsabilidad del juez. Reflexiones al margen de un artículo de Mauro Cappelletti", *Revista de sociología del derecho*, La Plata, n. 4, noviembre 1985, pp. 8-11.
42. Cura e redazione della prima parte del "Report of the Meeting of the I.S.A. Research Committee on Sociology of Law", Mexico City, August 16-20, 1982, *Sociologia del diritto*, X, 1983, 2, pp. 163-176.
43. "Riflessioni sulla sociologia del diritto in Italia", *Sociologia del diritto*, X, 1983, 3, pp. 7-20.
44. "Osservazioni su funzionalismo e legittimazione", *Sociologia del diritto*, XI, 1984, 1, pp. 37-55 y en R. Treves (a cura di), *Diritto e legittimazione*, Angeli, Milano 1985, pp. 37-55.
45. Saggio introduttivo al volume di P. Lafargue, *Origine ed evoluzione della proprietà*, Unicopli, Milano 1983, pp. 15-26 (altri saggi introduttivi di E. Cantarella e A. Peregalli).
46. "Avvocati, deontologia professionale, segreto professionale", en AA. VV., *Il segreto nella realtà giuridica italia-*

na. Atti del convegno nazionale tenutosi a Roma nei giorni 26-28 ottobre 1981, Cedam, Padova 1983, pp. 485-488 e, in versione abbreviata e in anteprima, con il titolo "Lealtà verso il cliente: un imperativo deontologico", en AA. VV., *Quali confini per il diritto di difesa.* Numero speciale di *Studio legale*, IX, 1982, 1, pp. 8-10.
47. Intervento sulle relazione di G. Miglio al Convegno di cui al volume *sub* 46, pp. 257-258.
48. "Argomenti per una giurisprudenza selvaggia", *Sociologia del diritto*, XIII, 1986, 2/3, pp. 29-35 y en R. Treves (a cura di), *Crisi dello stato e sociologia del diritto*, Angeli, Milano 1986, pp. 29-35.
49. "I soggetti e la sociologia del diritto. Una nuova 'Methodenstreit'", relazione al XV Congresso della Società Italiana di Filosofia Giuridica e Politica (Pisa - Viareggio, 16-18 maggio 1985), en M. Basciu (a cura di), *Soggetto e principi generali del diritto*, Giuffrè, Milano 1987, pp. 169-181; in anteprima, en *Rivista internazionale di filosofia del diritto*, LXII, 1985, IV, pp. 551-564.
50. Cura del volume M. Ginsberg, *Sociologia*, tr. it. di A. Mameli, Unicopli, Milano 1986, pp. 149 e "Presentazione", pp. 7-17.
51. Voce "Privato e pubblico (sociologia del diritto)", *Enciclopedia del diritto*, vol. XXXV, 1986, pp. 687-704.
52. Intervento alla tavola rotonda fra sociologi del diritto nel Convegno su "Società attuale e giustizia", Senigallia, novembre 1985, *Giustizia e costituzione*, XVII, nuova serie, nn. 3-4, luglio-dicembre 1986, pp. 17-19.
53. "Sociologia del diritto: due episodi inquietanti", *Rivista trimestrale di diritto e procedura civile*, XLI, 1987, 1, pp. 317-320.

54. *Funzioni del diritto. Saggio critico-ricostruttivo*, Laterza, Roma-Bari 1987, pp. VII-232. Seconda edizione inalterata con nuova introduzione, Laterza-Roma-Bari 1989, pp. XVII-232.
55. "Illusion and the Law" en C. Faralli e E. Pattaro (eds.), *Reason in Law. Proceedings of the conference held in Bologna, 12-15 December 1984*. Legal Philosophical Library, vol. II, Giuffrè, Milano 1988, pp. 301-308.
56. Mot "Fonction (fonctions) du droit", en A.-J. Arnaud (sous la direction de), *Dictionnaire encyclopédique de théorie et de sociologie du droit*, Librairie Générale de Droit et de Jurisprudence - Story Scientia, Paris-Bruxelles 1988, pp. 161-163; con il titolo "Fonctions du droit", nella 2ª edizione, Librairie Générale de Droit et de Jurisprudence, Paris 1993, pp. 266-268; edizione brasiliana, "Funçôes do direito", *Diccionario enciclopédico de teoría e de sociología do direito*, Renovar, Rio de Janeiro, 1999, pp. 366-369..
57. (con L. Lanza e S. Stefanizzi), *Stato di applicazione della legge 4.5.1983 n. 184 sulla disciplina dell'adozione e dell'affidamento dei minori*, rapporto finale della ricerca affidata dal Ministero della Giustizia al Centro nazionale di prevenzione e difesa sociale, Vol. I, CNPDS, Milano 1989 (non pubblicato).
58. "Svolte e continuità nella sociologia del diritto di Renato Treves", *Contratto e impresa*, 1988, 1, pp. 204-216; indi, en apéndice al volumen R. Treves, *Diritto e cultura*, 2ª ed., Edizioni Lavoro, Roma 1989, pp. 85-101.
59. "Sociologia dei diritti umani. Riflessioni conclusive", *Sociologia del diritto*, XV, 1989, 1, pp. 165-181 e nel vol. autonomo *sub* 59, pp. 165-181, ripubbl. en R. Dameno e M. Verga (a cura di), *Finzione e utopie. Diritto e diritti*

nella società contemporanea, Guerini, Milano 2001, pp. 109-133.

60. (con R. Treves), *Sociologia dei diritti umani*, Angeli, Milano 1989, pp. 181 (numero speciale di *Sociologia del diritto*, XV, 1983, 1).
61. *Funciones del Derecho*, tr. castigliana, di M.J. Añón e J. de Lucas Martín, del vol. *sub* 54, Editorial Debate, Madrid 1989, pp. 224.
62. "Sociology of Law and Legal Practitioners", en AA. VV., *Legal Culture and Everyday Life, Oñati Proceedings*, Inuguration Ceremony of the International Institute for the Sociology of Law, 24 May 1989, pp. 63-65.
63. "Sociology of Law. A Theoretical Introduction", en V. Ferrari and P. Uusitalo, *Two Lectures on the Sociology of Law*, University of Helsinki, Sociology of Law Series n. 6, Helsinki 1989, pp. 7-35 (lezioni tenute presso l'Università di Helsinki, settembre 1986).
64. Cura del volume *Developing Sociology of Law. A World-wide Documentary Enquiry* (International Sociological Association - Research Committee on Sociology of Law), Giuffrè, Milano 1990, pp. LI-931 e "Presentation", pp. III-LI.
65. "Socio-legal Concepts and Their Comparison", en E. Øyen (ed.), *Comparative Methodologies. Theory and Practice in International Social Research*, Sage Publications, London 1990, pp. 193-210.
66. "President's Message", *I.S.A.-RCSL Newsletter*, 1990-1.
67. Cura del volume *Laws and Rights. Proceedings of the International Congress of Sociology of Law for the Ninth Centenary of the University of Bologna* (Alma Mater Studiorum Sæcularia Nona - International Sociological Association - Research Committee on Sociology of Law),

Giuffrè, Milano 1991, pp. XIII-1133, e indirizzo di saluto, pp. 15-19.

68. "The Field of Investigation of the Sociology of Human Rights", en V. Ferrari (ed.), *Laws and Rights. Proceedings of the International Congress of Sociology of Law for the Ninth Centenary of the University of Bologna, May 30-June 3, 1988*, Giuffrè, Milano 1991, pp. 451-457.
69. (con V. Olgiati), Cura del volumetto *Thirty Years for the Sociology of Law* (International Sociological Association - Research Committee on Sociology of Law), Oñati Blue Series, Oñati 1991, pp. 61.
70. Cura del volume A. Podgórecki, *A Sociological Theory of Law*, Giuffrè, Milano 1991, pp. XIII-273, e "Presentazione", pp. V-XII (ed. polacca A. Podgórecki, *Socjologiczna Teoria Prawa*, tr. di L.M. Kwaśniewska e R. Smogor, Interart, Warszawa 1998, con stralci della "Presentazione" alle pp. 9-10, tr. di M.A. Kostecka).
71. "Sociology of Law", *The Encyclopedia of Language and Linguistics*, edited by R.E. Asher and J.M.Y. Simpson, vol. 8, Pergamon, Oxford-New York-Seoul-Tokyo 1993, pp. 4033-4039.
72. "Il giudice come interprete del conflitto: permanente validità di una formula icastica", en A. Giasanti (a cura di), *Giustizia e conflitto sociale. In ricordo di Vincenzo Tomeo*, Giuffrè, Milano 1992, pp. 445-450.
73. *Leitourgies tou Dikaiou*, trad. greca di P. Pantzios, a cura di N.G. Intzessiloglou, del vol. *sub* 54, Sákkoulas, Thessaloniki 1992, pp. 305.
74. "'Stato di diritto': i significati di una formula", en B. Montanari (a cura di), *Stato di diritto e trasformazione della politica*, Giappichelli, Torino 1992, pp. 193-203 (Atti del convegno tenutosi a Catania nel maggio 1990).

75. "Renato Treves filosofo e sociologo del diritto", *Quaderni di sociologia*, nuova serie, vol. XXXVI, 1992, 3, pp. 10-16.
76. "Adres Przewodniczacego Komitetu Badawczego Socjologii Prawa Międżynarodowego Towarżystwa Socjologicznego", en G. Skąpska *et al.*, *Prawo w zmieniającym sie społeczenstwie*, Scritti in onore di M. Borucka Arctowa, Uniwersytet Jagielloński, Kraków 1992, pp. 9-11.
77. "The Current State and Future Prospects of European Sociology of Law", en A.-J. Arnaud and V. Olgiati (eds.), *On Complexity and Socio-legal Studies: Some European Examples*, *Oñati Proceedings*, 14, 1993, pp. 91-105.
78. (con C. Faralli), Cura del volume *Laws and Rights 2. Proceedings of the International Congress of Sociology of Law for the Ninth Centenary of the University of Bologna, May 30-June 3, 1988* (Alma Mater Studiorum Sæcularia Nona - International Sociological Association - Research Committee on Sociology of Law), Giuffrè, Milano 1993, pp. XII-1078.
79. "Teoria e metodo nell'analisi sociologica della litigiosità", *Contratto e impresa*, 1993, 1, pp. 342-354; indi, senza corredo di note, en *Quaderni dell'avvocatura*, 1, Cedam, Padova 1993, pp. 82-92.
80. "Renato Treves sociologo del diritto", *Rivista internazionale di filosofia del diritto*, LXX, IV serie, gennaio-marzo 1993, pp. 21-31 e, con il titolo "La sociologia del diritto kelseniana di Renato Treves" en A. Catania e M. Fimiani (a cura di), *Neokantismo, diritto e sociologia*, Edizioni Scientifiche Italiane, Napoli 1995, pp. 71-80; "Sociologia juridica kelseniana a lui Renato Treves", tr. rumena di S. Popescu, *Studii de Drept Românesc*, se-

rie noua, 4, anul 7 (40), octombrie-decembrie 1995, pp. 251-259; "La sociología del derecho kelseniana de Renato Treves", tr. castigliana di F. Fucito, *Revista de sociología del derecho* (La Plata), n. 11, abril 1996.

81. "Note sull'alternativa del diritto contemporaneo", *Sociologia del diritto*, XX, 1993, 1, pp. 19-38; ed. castigliana, "Notas acerca de la disyuntiva del Derecho contemporáneo", tr. di J. Hennequin, en VV. AA., *Ensayos jurídicos en memoria de José María Cajica Camacho*, Ed. Cajica, Puebla 2002, vol. I, pp. 290-311.
82. "Europa ante los derechos del hombre", *Derechos y Libertades*, 1, 1993, pp. 111-126.
83. (con N. Gridelli Velicogna), "Philosophy and Sociology of Law in the Work of Renato Treves", *Ratio Juris*, vol. 6, n. 2, July 1993, pp. 202-215.
84. "Sociology of Law and Legal Policy in Italy", en J. Van Houtte and F. Van Loon (eds.), *Sociology of Law, Social Problems and Legal Policy in Europe*, Acco, Leuven - Amersfoort 1993, pp. 15-23.
85. "Rechtssoziologie gestern und heute" (1988), tr. tedesca di F. Belvisi e G. Romen, en W. Krawietz und J. Wróblewski (Hrsg.), *Sprache, Performanz und Ontologie des Rechts*. Festgabe für Kazimierz Opałek zum 75. Geburtstag, Duncker und Humblot, Berlin 1993, pp. 405-422.
86. Cura del volume G. Peces-Barba, *Teoria dei diritti fondamentali*, Giuffrè, Milano 1993, pp. VIII-352, tr. it. di L. Mancini, con presentazione di N. Bobbio.
87. "Il rilievo interdisciplinare dell'analisi di Peces-Barba", postfazione a G. Peces-Barba, *Teoria dei diritti fondamentali*, Giuffrè, Milano 1993, pp. 331-338 "El valor interdisciplinar del análisis de Peces-Barba, ; tr. castigliana

di A. Greppi, *Derechos y Libertades*, año II, mayo-diciembre 1994, n. 3, pp. 185-195.

88. "Né sostanze né accidenti", *Sociologia del diritto*, XX, 1993, 3, pp. 173-177.
89. "Lavoro dipendente e indipendente: una distinzione ancora valida?", *If. Rivista della Fondazione IBM Italia*, II, 2, 1994, pp. 44-51.
90. *L'impresa e le regole. Per un nuovo illuminismo giuridico*, Assolombarda, Milano 1994 (non pubblicato).
91. "Genzaino Shakaiteki Kontekisuto niokeru Horitsu Senmonshoku nitsuiteno Jakkanno Oboegaki" ("Some Notes about the Legal Profession in Its Present Social Context"), trad. giapponese di J. Ageishi, *Kobe Hogaku Zasshi (Kobe Law Review)*, vol. 44, n. 1, giugno 1994, pp. 157-171.
92. "Presentazione" del volume di S. Pappalardo, *Un terremoto per amico. Potere, trasgressioni e dispute dopo una calamità naturale*, Angeli, Milano 1994, pp. 9-11.
93. *Giustizia e diritti umani. Osservazioni sociologico-giuridiche*, Appendice metodologica di M. Boffi, Angeli, Milano 1995, pp. 309.
94. "El moralismo e Italia en peligro de muerte", *Doxa. Cuadernos de Filosofía del Derecho*, 15-16, Número dedicado a Elías Díaz, vol. I, 1994, pp. 407-422; tr. ingl. abbreviata con il titolo "Moralism and Mortally Threatened Italy", en V. Gessner, A. Höland and C. Varga (eds.), *European Legal Cultures*, Dartmouth, Aldershot 1996, pp. 353-355.
95. "Social Conflict, 'Internal' Legal Culture and the Twofold Tendency of Today's Law", en *Legal Cultures. Encounters and Transformations*, The Proceedings of 1995 Annual Meeting - Research Committee on Sociolo-

gy of Law - International Sociological Association (Program, Plenary Papers, List of Participants), Japan Committee for the RCSL95, Japanese Association of Sociology of Law, Tokyo 1995, pp. 105-121; con il titolo "Shakai Funso, 'Nazaiteki' Hobunka, Gendaiho no Niju no Kekou", *Hokudai Hogaku Ronshu (Hokkaido Law Journal)*, 1997, pp. 95-118.

96. "L'impossibile uguaglianza", en A. Cottino e C. Sarzotti (a cura di), *Diritto, uguaglianza e giustizia penale*, Atti del Convegno internazionale di Torino, 21-22 aprile 1995, L'Harmattan Italia, Torino 1995, pp. 49-59.
97. "Seguridad jurídica y crisis del Estado de Derecho en Italia" (1994), en M.E. Boza y R. Pérez Perdomo (comp.), *Seguridad jurídica y competitividad*, Ediciones IESA, Caracas 1996, pp. 211-220.
98. "Piccole maggioranze premono. Opinioni di minoranza su *La costituzione impossibile* di Giorgio Rebuffa", *Rivista trimestrale di diritto e procedura civile*, XLIX, fasc. 4, 1995, pp. 1457-1467.
99. Voce "Norme e sanzioni sociali", *Enciclopedia delle scienze sociali*, Vol. VI, Istituto dell'Enciclopedia Italiana, Roma 1996, pp. 252-268.
100. "Prefazione" al volume di M.L. Ghezzi, *Diversità e pluralismo. La sociologia del diritto penale nello studio di devianza e criminalità*, R. Cortina, Milano 1996, pp. IX-XIX.
101. "Comments by Vincenzo Ferrari", en F. Snyder (ed.), *Constitutional Dimensions of European Economic Integration*, Kluwer, The Hague-London-Boston 1996, pp. 207-211.
102. Cura del volume R. Abel, *La parola e il rispetto*, tr. it. di M.C. Reale, Giuffrè, Milano 1996, e "Presentazione", pp. VI-XIX.

103. "Prefazione" al volume di M.P. Mittica, *Il divenire dell'ordine. L'interazione normativa nella società omerica*, Giuffrè, Milano 1996, pp. 1-7.
104. "Sociologia del diritto", en M. Barbagli e A. Schizzerotto (a cura di), *Guida della laurea in sociologia*, il Mulino, Bologna 1996, pp. 148-154.
105. "Lo *status quaestionis* della sociologia del diritto", en AA. VV., *Derecho público, filosofía y sociología jurídicas. Perspectivas para el próximo milenio*, Universidad Externado de Colombia - Consejo Superior de la Judicatura, Bogotá 1996, pp. 152-168.
106. (con M.L. Ghezzi e N. Gridelli Velicogna), cura del volume *Diritto, cultura e libertà*. Atti del convegno in memoria di Renato Treves (Milano, 13,14 e 15 novembre 1994), Giuffrè, Milano 1997, pp. X-719.
107. "Renato Treves: una cultura, una testimonianza, una scuola", en V. Ferrari, M.L. Ghezzi, N. Gridelli Velicogna (a cura di), *Diritto, cultura e libertà*. Atti del convegno in memoria di Renato Treves (Milano, 13,14 e 15 novembre 1994), Giuffrè, Milano 1997, pp. 713-719.
108. "Réflexions relativistes sur le Droit", en D. Kalogeropoulos (dir.), *Regards sur la complexité et l'ordre légal à la fin du XX siècle*, Bruylant, Bruxelles 1997, pp. 34-46.
109. "Prefazione" al volume di S. Pellegrini, *La litigiosità in Italia. Un'analisi sociologico-giuridica*, Giuffrè, Milano 1997, pp. IX-XIV.
110. Voce "Diritto", en P. Guidicini *et al.*, *Enciclopedia Tematica Aperta - Sociologia*, Jaca Book, Milano 1997, pp. 158-162.
111. *Lineamenti di sociologia del diritto*, Vol. I, *Azione giuridica e sistema normativo*, Laterza, Roma-Bari 1997, pp. XVI+336.

112. "In margine a Simitis: considerazioni su lavoro e globalismo", *Giornale di diritto del lavoro e di relazioni industriali*, n. 76, 1997, 4, pp. 649-657.
113. "Citizenship: Problems, Concepts and Policies", en M. La Torre (ed.), *European Citizenship: An Institutional Challenge*, The Hague 1997, pp. 51-64.
114. "Norberto Bobbio y la sociología del derecho", *Revista Derecho del Estado* (Universidad Externado de Colombia), n. 4, abril 1998, pp. 79-88.
115. "Préface" al volume di A.-J. Arnaud, *Le droit trahi par la sociologie. Une pratique de l'histoire*, Librairie Générale de Droit et de Jurisprudence, Paris 1998, pp. 9-15.
116. Cura del volume H.S. Maine, *Ancient Law*, tr. it. di A. Ferrari, Giuffrè, Milano 1998, e contributo alla "Presentazione", "H.S. Maine precursore della sociologia del diritto", pp. XXXVII-LI (altri contributi alla "Presentazione" di C. Faralli e E. Cantarella).
117. Voce "Sociologia del diritto", en *Digesto delle discipline privatistiche, Sezione civile*, Vol. XVIII, Utet, Torino 1998, pp. 567-575.
118. "Novità legislative e lavoro: riforme o palliativi?", *If. Rivista della Fondazione IBM Italia*, anno VI, 3, 1998, pp. 32-37.
119. (con Th. Heller e E. de Tullio), cura del volume *Citizenship and Immigration*. Proceedings of the meeting held in Milano on a joint initiative of Milano University Law Faculty and Stanford University Law School, November 7-9, 1996, Giuffrè, Milano 1998, pp. IX-232.
120. "Citizenship and Immigration. Introductory Remarks", en V. Ferrari, Th. Heller and E. de Tullio (eds.), *Citizenship and Immigration*. Proceedings of the meeting

held in Milano on a joint initiative of Milano University Law Faculty and Stanford University Law School, November 7-9, 1996, Giuffrè, Milano 1998, pp. 3-14.

121. "Prefazione" al volume di L. Mancini, *Immigrazione musulmana e cultura giuridica. Osservazioni empiriche su due comunità di egiziani*, Giuffrè, Milano 1998, pp. IX-XIII.

122. "Etica pubblica e libertà di insegnamento", *Politeia*, XV, n. 53, 1999, pp. 93-98.

123. "Immigrants to the European Union and Their Rights", en F. Van Loon and K. Van Aeken (eds.), *60 maal recht en 1 maal wijn. Liber Amicorum prof. dr. Jean Van Houtte*, Acco, Leuven-Amersfoort 1999, pp. 561-573.

124. "Norberto Bobbio e la sociologia del diritto", en L. Ferrajoli e P. Di Lucia (a cura di) (ed. originale del saggio *sub* 114), *Diritto e democrazia nella filosofia di Norberto Bobbio*, Giappichelli, Torino 1999, pp. 131-141.

125. "Sistemas judiciales en permanente crisis. Reflexiones sobre el caso italiano", *Revista Derecho del Estado*, Universidad Externado de Colombia, número 7, diciembre 1999, pp. 3-19; ed. italiana, "Sistemi.giudiziari in perenne crisi. Riflessioni sul caso italiano", *GEDIM. Anuário Direito e Globalização*, Editora Renovar, Rio de Janeiro, 1999, "A Soberania", segunda parte, pp. 221 ss.

126. *Acción jurídica y sistema normativo. Introducción a la Sociología del Derecho*, Instituto de Derechos Humanos "Bartolomé de las Casas" – Universidad Carlos III de Madrid, Prólogo de M.J. Fariñas, tr. cast. di A. Greppi, Dykinson, Madrid 2000, pp. XXVII+357 (ed. castigliana del vol. *sub* 109).

127. "Law's Normative Nature as a Sociological Concept", *Associations. Journal for Legal and Social Theory*, 4, 2000, N. 1, pp. 5-18.

128. "Riflessioni su democrazia e informazione alla fine del secolo XX", en AA. VV., *Studi economico-giuridici. Pubblicazioni della Facoltà di Giurisprudenza dell'Università di Cagliari*, Vol. LVII, 1997-1998, in memoria di Lino Salis, Giappichelli, Torino 2000, pp. 563-593; ed. brasiliana, "Democracia e Informação no Final do Século XX", en César Guimarães e Chico Junior (org.), *Informação e Democracia*, Editora da Universidade do Rio de Janeiro, Rio de Janeiro 2000, pp. 164-209.

129. Prefazione al volume di M.C. Reale, *Il Tribunale di primo grado e la litigiosità comunitaria. Un'indagine sociologico-giuridica*, Giuffrè, Milano 2000, pp. VII-XII.

130. "Adolfo Beria di Argentine (1920-2000)", *Sociologia del diritto*, XXVII, 2, 2000, pp. 5-9 e *Cahiers de défense sociale*, 2000, numéro dédié à Adolfo Beria di Argentine, pp. 45-49.

131. "Renato Treves, Tucumán e la rinascita della sociologia italiana" (Renato Treves, Tucumán y el renacer de la sociología italiana), *Azzurra. Revista publicada por el Instituto Italiano de Cultura de Córdoba*, Año VIII, N. 19/20/21, 2000, pp. 173-177 (tr. castigliana a fronte di V. Cavani).

132. (con V. Pistone, in coll. con L. Cominelli e S. Frati), "Cultura giuridica in formazione. Il concetto di riservatezza nella giurisprudenza civile", *Sociologia del diritto*, XXVIII, 3, 2000, pp. 5-51, y en A. Artosi, G. Bongiovanni, S. Vida (a cura di), *Problemi della produzione e dell'attuazione normativa*, Vol. IV, *I diritti difficili nel sistema giuridico*, Gedit Edizioni, Bologna 2001, pp. 289-325.

133. "Vincenzo Tomeo: un ricordo sempre vivo", *Sociologia del diritto*, XXVIII, 3, 2001, pp. 159-165.

134. (con P. Ronfani e S. Stabile), cura del volume *Conflitti e diritti nella società transnazionale*, Angeli, Milano 2001, pp. 739, e "Introduzione", pp. 11-26.
135. (con Paola Ronfani), "A Deeply Rooted Scientific Discipline: Origins and Development of Sociology of Law in Italy", *The American Sociologist*, summer 2001, vol. 32, n. 2, pp. 61-77.
136. Intervento en AA. VV., *È conoscibile il diritto del lavoro?*, n. spec. di *Lavoro e Diritto*, 4/2001, pp. 592-597.
137. Prefazione a A. Cassani, *Diritto. Antropologia e storia. Studi su Henry Sumner Maine*, Clueb, Bologna 2002, pp. VII-XVI; col titolo "Anselmo Cassani e gli studi su Henry Sumner Maine" en *Materiali per una storia della cultura giuridica*, XXXII, 1, giugno 2002, pp. 211-218.
138. "Vittorio Denti e la sociologia del processo civile", *Sociologia del diritto*, XXIX, 2002, 1, pp. 161-165.
139. "Introduzione alla sessione conclusiva", en AA. VV., *Cosmografia, fede e libertà nel pensiero di Giordano Bruno*. Atti del convegno di studi dei giorni 7, 8 e 9 luglio 2000, Comune di Noli - Centro Culturale Polivalente S. Antonio, Noli 2002, pp. 57-62.
140. "Commento" agli interventi di L. Mancini e F. Belvisi en G.F. Zanetti (a cura di), *Elementi di etica pratica. Argomenti normativi e spazi del diritto*, Carocci, Roma 2003, pp. 71-75.
141. "Il ruolo della normatività nel liberal-socialismo di Guido Calogero e di Renato Treves", *Materiali per una storia della cultura giuridica*, 2003, 1, pp. 151-164.
142. "Luci ed ombre del diritto globale" (A proposito di M.R. Ferrarese, *Il diritto al presente. Globalizzazione e tempo della istituzioni*, Bologna 2002), *Rivista trimestrale di dirit-*

to e procedura civile, anno LVII, n. 2, giugno 2003, pp. 643-649.
143."The Paths of Italian Corruption", en G. Skąpska, A. Orla-Bukowska (eds., with the collaboration of K. Kowalski), *The Moral Fabric in Contemporary Societies*, Brill, Leiden-Boston 2003, pp. 165-174.
144. "Vittorio Frosini e la sociologia del diritto", *Rivista internazionale di filosofia del diritto*, XXX, n. 3, luglio-settembre 2003, pp. 411-430, y en A. Jellamo e F. Riccobono (a cura di), *In ricordo di Vittorio Frosini*, Giuffrè, Milano 2004, pp. 77-96.
145. "Fra utopia e scetticismo. Considerazioni sulla costituzione europea", *Sociologia del diritto*, XXX , 2003, 1, pp. 195-205, y en V. Cotesta (a cura di), *Le identità mediterranee e la costituzione europea*, Rubbettino, Soveria Mannelli 2005, vol. II, pp.
146 (con M. Masia) "'Usi civici' e cultura giuridica: profili sociologico-giuridici", en P. Nervi (a cura di) *Cosa apprendere dalla proprietà collettiva. La consuetudine fra tradizione e modernità*. Atti della VIII Riunione Scientifica (Trento, 14-15 novembre 2002), Cedam, Padova 2003, pp. 41-71.
147. "Ricordo di Sergio Pappalardo", *Sociologia del diritto*, XXX, 2, 2003, pp. 153-157.
148. "Prólogo a la edición mexicana" di P. Borsellino, *Bioética, entre autonomía y derecho*, Cajica, Puebla, México, 2004, pp. 5-10.
149. "Ricordo di Uberto Scarpelli", *Politeia. Rivista di etica e scelte pubbliche*, XX, 73, 2004, pp. 52-55.
150. "Bobbio", *Sociologia del diritto*, XXX, 2003, 3, p. 5.
151. Indirizzo di saluto al convegno celebrativo del centenario della nascita di E.T. Liebman (20 ottobre

2003), en AA. VV., *Enrico Tullio Liebman oggi. Riflessioni sul pensiero di un maestro*, Giuffrè, Milano 2004, pp. 3-6.

152. "Riflessioni su diritto e globalizzazione", en AA. VV., *Umanità globalizzata?*. Atti del IV Corso dei Simposi Rosminiani, Stresa, 27-30 agosto 2003, Edizioni Rosminiane, Stresa 2004, pp. 139-151.

153. *Diritto e società. Elementi di sociologia del diritto*, Laterza, Roma-Bari 2004, pp. VIII+222.

154. "The Firm Subtleties of a Philosopher in 'Everlasting Doubt'. Remembering Norberto Bobbio", *Journal of Law and Society*, vol. 31, n. 4, December 2004, pp. 578-592.

155. *Law and Society Studies and Legal Education*, contributo alla conferenza sull'educazione giuridica di Ko Olima, Hawaii, maggio 2004, preparatoria della costituzione della International Association of Law Schools, www.aals.org/international2004/Papers/ferrari.pdf, pp. 11, y en *Journal of Legal Education*, 55, 2005, pp. 495-499.

156. Prefazione a AA. VV., *Studi di diritto processuale civile in onore di Giuseppe Tarzia*, Giuffrè, Milano 2005, tomo I, pp. V-VIII.

157. "La giustizia come servizio. Centralità della giurisdizione e forme alternative di tutela", en AA. VV., *Studi di diritto processuale civile in onore di Giuseppe Tarzia*, Giuffrè, Milano 2005, tomo I, pp. 47-66.

158. "L'avvocatura in un progetto di riforma del servizio giustizia", *Democrazia e diritto*, XLIII, 2005, 2, Numero speciale "Per una riforma della giustizia", pp. 99-114.

159. "Premessa" al volume di I. Pupolizio, *Una comunità all'ombra del diritto. La mediazione sociale e la giustizia infor-*

male nel modello statunitense e nell'esperienza italiana, Giuffrè, Milano 2005, pp. I-III.
160. "Quesiti sociologici sulla *lex mercatoria*", *Sociologia del diritto*, XXXII, 2005, 2-3, pp. 7-27.
161. "La giurisprudenza 'contestualistica' di Stefano Rodotà", en G. Alpa e V. Roppo (a cura di), *Il diritto privato nella società moderna. Seminario in onore di Stefano Rodotà* (Roma, giugno 2003), Jovene, Napoli 2005, pp. 325-332.
162. "Note sparse su stato e prospettive dell'avvocatura italiana", *Questione giustizia*, 2005, 5, pp. 1043-1050.
163. Interventi alla tavola rotonda finale del Convegno su "Dimensioni dell'effettività" (Salerno, 2-4 ottobre 2003), in A. Catania (a cura di), *Dimensioni dell'effettività. Tra teoria generale e politica del diritto*, Giuffrè, Milano 2005, pp. 462-466 e 482-483.
164. "Entre imagen e identidad. Hipótesis sobre la construcción social de derechos", en AA. VV., *Jornadas. La protección del derecho a la propia imagen en los medios de comunicación* (Giornate di studio, Pamplona, 30-31 ottobre 2003), Consejo Audiovisual de Navarra, Pamplona 2005, pp. 23-36.
165. "Trent'anni di sociologia del diritto nelle facoltà giuridiche italiane. Note sparse per un bilancio", en E. Dolcini e C.E. Paliero (a cura di), *Studi in onore di Giorgio Marinucci*, Vol. III, Giuffrè, Milano 2006, pp. 2907-2924. Con lievi variazioni e col titolo "Sociology of Law for Legal Education – Italian Experiences", en M. Freeman (ed.), *Law and Sociology. Current Legal Issues 2005*, volume 8, Oxford University Press, Oxford 2006, pp. 425-436.

166. "Saluto del vice presidente della Società italiana di filosofia del diritto", en G. Zaccaria (a cura di), *Omaggio ad un maestro. Ricordo di Enrico Opocher*, Cedam, Padova 2006, pp. 3-6.
167. Introduzione del presidente alla sessione su "Le conseguenze sui diritti", en CNPDS, *Diritti civili ed economici in tempi di crisi* (Congresso internazionale, Stresa, 13-14 maggio 2005), Giuffrè, Milano 2006, pp. 77-78.
168. *Derecho y sociedad. Elementos de sociología del derecho*, ed. castigliana del vol. *sub* 153, tr. di S. Perea Latorre, Universidad Externado de Colombia, Bogotá 2006, pp. 305.; 2ª edizione, con nuova introduzione, Universidad Externado de Colombia, Bogotá 2012.
169. "I filosofi e i sociologi del diritto", en Roberta Clerici (a cura di), *Gli 80 anni della Facoltà di Giurisprudenza*. Università degli Studi di Milano – Associazione dei Laureati in Giurisprudenza dell'Università degli Studi di Milano. Atti dell'incontro del 14 ottobre 2004, Giuffrè, Milano 2006, pp. 25-44.
170. "Saluto" in P. Pasquino, B. Randazzo (a cura di), *La giustizia costituzionale ed i suoi utenti*. Atti del convegno internazionale in onore del Prof. Valerio Onida, Presidente emerito della Corte costituzionale, organizzato dalla Fondazione Adriano Olivetti e dalla Facoltà di Giurisprudenza dell'Università degli Studi di Milano 15 aprile 2005, Giuffrè, Milano 2006, pp. 3-6.
171. "Funzionalismo giuridico", en *Enciclopedia filosofica*, vol. 5, Bompiani, Milano 2006, pp. 4507-4508.
172. "Treves, Renato", en *Enciclopedia filosofica*, vol. 12, Bompiani, Milano 2006, p. 11769.

173. "Frammenti di una storia giudiziaria", en A. Gigli Marchetti (a cura di), *"Il Giorno". Cinquant'anni di un quotidiano anticonformista*, Angeli, Milano 2007, pp. 53-62.
174. (con E. Rude-Antoine), "Synthèse et conclusions", en E. Rude-Antoine (dir), *Le procès, enjeu de droit, enjeu de vérité*, Presses Universitaires de France, Paris 2007, pp. 387-392.
175. Introduzione del presidente alla sessione su "Integrazione e identità" en CNPDS, *Sistemi di welfare a confronto* (Congresso internazionale, Stresa, 5-6 maggio 2006), Giuffrè, Milano 2007, pp. 155-157.
176. "Relativismo, libertà e uguaglianza di diritti nella riflessione di Norberto Bobbio", en A. Punzi (a cura di), *Metodo Linguaggio Scienza del Diritto. Omaggio a Norberto Bobbio (1909-2004)*, Numero speciale della *Rivista internazionale di filosofia del diritto*, Giuffrè, Milano 2007, pp. 167-177.
177. "La cultura sociologica nella formazione del giurista", en A. Poggi e O. Roselli (a cura di), *Trasformazioni sociali e trasformazioni giuridiche*, Edizioni Scientifiche Italiane, Napoli 2007, pp. 145-156.
178. Voci della *Encyclopedia of Law and Society. American and Global Perspectives*, in three volumes edited by David S. Clark, Sage Publications, Thousand Oaks-London-New Delhi 2007: "Bobbio, Norberto" (I, pp. 128-129), "Centro Nazionale di Prevenzione e Difesa Sociale" (I, pp. 166-167), "Content Analysis" (I, pp. 189-190), "Functions of Law" (II, pp. 610-615), "Italy" (II, pp. 830-833), "Tomeo, Vincenzo" (III, pp. 1488-1489), "Treves, Renato" (III, pp. 1520-1521).
179. "Propos d'un ami italien", en *L'Année sociologique*, volume 57/2007, numéro spécial "Autour du droit: la so-

ciologie de Jean Carbonnier". Études réunies et présentées par François Terré, pp. 271-274.

180. Interventi nella tavola rotonda su "I professionisti della giustizia" (Firenze, 17 giugno 2006), en F. Palazzo e O. Roselli (a cura di), *I professionisti della giustizia. La formazione degli operatori dell'amministrazione della giustizia*, Edizioni Scientifiche Italiane, Napoli 2007, pp. 382-386 e 393-395.

180. "Ethics and Sociology: A Slim Code not Devoid of Weight", *Bulletin de la Société Suisse de Sociologie*, n. 132, Novembre 2007, pp. 25-27.

181. Introduzione alla *Presentazione degli Studi in onore di Giorgio Marinucci* (2006), con contributi di G. Vassalli, E. Dolcini, C. Fiore, A. Padoa Schioppa, C.E. Paliero, G. Marinucci, Giuffrè, Milano 2007, pp. 1-3.

182. "Variazioni socio-giuridiche sul tema dei diritti nell'attualità", en S. Canestrari, V. Ferrari, T. Pitch, S. Rodotà, *Soggetti, diritti, conflitti: percorsi di ridefinizione*, a cura di F.G. Pizzetti e M. Rosti, Giuffrè, Milano 2007, pp. 32-44.

183. *Reflexiones sobre el Estado de Derecho*, Universidad Metropolitana, Caracas 2007, pp. 24. *Lectio magistralis* in occasione della nomina a professore onorario.

184. "Famiglia e rapporti parentali" – *Discussant* – in Società Italiana degli Studiosi del Diritto Civile, Atti del 2° Convegno Nazionale, 18-19-20 aprile 2006, Grand Hotel Quisisana, Capri, *I rapporti civilistici nell'interpretazione della Corte costituzionale*. Tomo secondo. *Rapporti civili – Rapporti etico-sociali*, Edizioni Scientifiche Italiane, Napoli 2007, pp. 297-302.

185. "Problemi della sociologia dei diritti umani", en AA. VV., *Fides Humanitas Ius. Studii in onore di Luigi Labruna*, Editoriale Scientifica, Napoli 2007, pp. 1835-1849.

186. Cura del volume *Filosofia giuridica della guerra e della pace*. Atti del XXV Congresso della Società italiana di filosofia del diritto, Milano e Courmayeur, 21-23 settembre 2006, Angeli, Milano 2008, pp. 575. Ivi: "Prefazione", pp. 9-14; Saluto ai congressisti, pp. 25-29; "Note introduttive" alla tavola rotonda su "Gli interessi economici", pp. 111-114; Intervento nella discussione, pp. 522-524; Intervento conclusivo, pp. 541-542.

187. Prefazione a F. Di Donato, *La costruzione giudiziaria del fatto. Il ruolo della narrazione nel "processo"*, Angeli, Milano 2008, pp. 11-16.

188. "Opinioni di un sociologo del diritto su un'opera di *jurisprudence* sociologica" (A proposito di E. Pattaro, *The Law and the Right. A Reappraisal of the Reality That Ought to Be*, Dordrecht 2005), *Rivista trimestrale di diritto e procedura civile*, LXII, 1, 2008, pp. 285-300.

189. "Ricordo di Nella Gridelli Velicogna", *Sociologia del diritto*, XXXV, 2008, 1, pp. 189-192.

190. "Teaching about 'the others': A plea for interdisciplinarity. Contribution to a Discussion on 'Effective Techniques for Teaching about Other Cultures and Legal Systems", en AA. VV., *Effective Teaching Techniques about Cultures and Legal Systems* (International Association of Law Schools, Montreal, Canada, May 30, 2008), LexisNexis (Conference materials, unpublished) 2008, pp. 99-105.

191. "Algunas razones del relativismo jurídico", en AA. VV., *Teoría y metodología del derecho. Estudios en homenaje*

al profesor Gregorio Peces-Barba, Volumen II, Dykinson, Madrid 2008, pp. 499-528.

192. "Il centenario della nascita di Renato Treves", *Rivista di storia della filosofia*, 2/2008, pp. 355-357.

193. "Le parti e il rischio del processo", en AA. VV., *Accordi di parte e processo*, Quaderni della *Rivista trimestrale di diritto e procedura civile*, Giuffrè, Milano 2008, pp. 37-58.

194. Intervento sulla relazione di M. La Torre, en G. Torresetti (a cura di), *Diritto, politica e realtà sociale nell'epoca della globalizzazione*. Atti del XXIII Congresso nazionale della Società Italiana di Filosofia giuridica e politica, Macerata, 2-5 ottobre 2002, Edizioni Università di Macerata, Macerata 2008, pp. 377-378.

195. "Una sfida al binomio libero mercato-democrazia", *Giornale di diritto del lavoro e relazioni industriali*, n. 120, XXX, 2008, 4, pp. 717-723.

196. "Alcune tesi sulla laicità", en P.P. Ottonello (a cura di), *La coscienza laica. Fede, valori, democrazia*, Atti del IX Corso dei Simposi Rosminiani, Stresa, 27-30 agosto 2008, Edizioni Rosminiane, Stresa 2009, pp. 106-119; en *Iustitia*, n. 2/2009, pp. 235-245; col titolo "Algunas tesis sobre la laicidad", en *Novum Jus*. Universidad Católica de Colombia, Vol. 3, N. 2, 2009, pp.8-26.

197. "Ralf Dahrendorf", *il Mulino*, 5, 2009, pp. 827-832.

198. "Lo spirito critico di un cittadino del mondo", appendice a R. Treves, *Spirito critico e spirito dogmatico. Il ruolo critico dell'intellettuale*, con prefazione di A. Giasanti e altre appendici di G. Martinotti e D. Narducci, Angeli, Milano 2009, pp. 95-104.

199. "Diritto che cambia e diritto che svanisce", en P. Rossi (a cura di), *Fine del diritto?*, il Mulino, Bologna 2009, pp. 37-53.

200. "Doctoral Education in an International Perspective", en *European Journal of Legal Education*, Volume 5, Number 2, December 2009, pp. 4-12.
201. Prefazione a P. Nerhot (a cura di), *L'identità plurale della filosofia del diritto*. Atti del XXVI Congresso della Società Italiana di Filosofia del Diritto (Torino, 16-18 settembre 2008), Edizioni Scientifiche Italiane, Napoli 2009, pp. IX-XIII.
202. "Odillo Vidoni sociologo del diritto", en *Antigone. Quadrimestrale di critica del sistema penale e penitenziario*, IV, n. 2-3, 2009, n. speciale su *I cittadini tra giustizia formale e disuguaglianze sostanziali*, pp. 13-17.
203. *Prima lezione di sociologia del diritto*, Laterza, Roma-Bari 2010, pp. XVI+179.
204. "William M. Evan, studioso e militante per la pace", en *Sociologia del diritto*, XXXVII, 2010, 1, pp. 201-206.
205. "La culture sociale chez les juristes italiens contemporains", en *Droit et Société*, n. 7/2010, pp. 337-361.
206. "Cincuenta años de sociología del derecho. Un balance" Testo della *lectio magistralis* tenuta dall'autore all'Instituto de Investigaciones Jurídicas della UNAM, Ciudad de México, 24.2.2010, en *Boletín Mexicano de Derecho Comparado 129*, Nueva Serie, Año XLIII, Núm. 129, Septiembre-Diciembre 2010, pp. 1459-1471.
207. "Il diritto giusto". Memoria di Mario Cattaneo", en *Rivista internazionale di filosofia del diritto*, serie V, anno LXXXVII, n. 4, ottobre/dicembre 2010, pp. 471-480.
208. "'Then and Now': Lawrence Friedman as an Analyst of Social and Legal Change", en Robert W. Gordon and Morton J. Horwitz (eds.), *Law, History, and Society. Themes in the Legal Sociology and Legal History of Lawrence M. Friedman*, Cambridge U.P., New York 2011, pp. 26-42.

209. "Una filosofia sociologica del diritto?", Prefazione al libro di A.G. Conte, *Sociologia filosofica del diritto*, Giappichelli, Torino 2011, pp. XIX-XXIV.

210. "Las contribuciones de Bobbio a la sociología del Derecho", en F.J. Ansuátegui Roig e Alberto Iglesias Garzón (editores), *Norberto Bobbio. Adaptaciones al análisis de su vida y de su obra*, Dykinson - Instituto de Derechos Humanos "Bartolomé de las Casas - Universidad Carlos III de Madrid, Madrid 2011, pp. 229-235.

211. "Diritto e politica: fra antico e moderno" (Relazione introduttiva del presidente al XXVII Congresso della Società Italiana di Filosofia del Diritto), en *Politeia. Rivista di etica e scelte pubbliche*, XXVII, N. 102, 2011, pp. 17-26, luego en A. Scerbo (a cura di), *Diritto e politica. Le nuove dimensioni del potere. Atti del XXVII Congresso della Società Italiana di Filosofia del Diritto*, Copanello di Stalettì, 16-18 settembre 2010, Giuffrè, Milano 2014, pp. 9-22.

212. *Pravo i Društvo. Osnovi sociologije prava*. Trad. al serbio del volume *sub* 153 (ed. 2008). A cura di Milovan Mitrović. Traduzione di Milena Cibin, CIB, Podgorica 2011.

213. "Gino Giugni e la teoria del diritto", en *Rivista di diritto del lavoro e di relazioni industriali*, XXXIV, 2012, pp. 190-203.

214. "I chiaroscuri della geopolitica", en *Sociologia del diritto*, XXXIX. 2012, 1, pp. 73-77.

215. "Sul futuro della sociologia del diritto", en *Rivista di filosofia del diritto. Journal of Legal Philosophy*, 2/2012, pp. 267-284.

216. "L'amministrazione della giustizia nell'Italia del 2000. Rassegna e riflessioni", en *Sociologia del diritto*, XXXIX, 2012, 3, pp. 173-196 e, col titolo. "La giustizia italiana nello specchio delle scienze sociali", en *Rendiconti dell'Istituto Lombardo - Accademia di Scienze e Lettere, Classe di lettere e scienze morali e storiche*, Vol. 145, 2011 (ma 2014), pp. 79-106.

217. "Le metamorfosi delle funzioni e della struttura del diritto tra globalizzazione e crisi economica", en *Diritto e Società*, 4/2012, pp. 629-644. Además en Raffaele Bifulco e Orlando Roselli (a cura di), *Crisi economica e trasformazioni della dimensione giuridica. La costituzionalizzazione del pareggio di bilancio tra internazionalizzazione economica, processo di integrazione europea e sovranità nazionale*, Giappichelli, Torino 2013, pp. 61-75, y en José Augusto Fontoura Costa, José María Arruda de Andrade e Alexandra Mery Hansen Matsuo (organizadores), *Direito: teoria e experiência. Estudos en homenagem a Eros Roberto Grau*. Malheiros Editore, São Paulo 2013, Tomo I, pp. 716-732.

218. "Editoriale", en *Sociologia del diritto*, XL, 1, 2013, pp. 7-10.

219. "Treves, Renato", en Aa. Vv., *Dizionario biografico dei giuristi italiani (XII-XX secolo)*. Diretto da Italo Birocchi, Ennio Cortese, Antonello Mattone, Marco Nicola Miletti. 2 voll., il Mulino, Bologna 2013, pp. 1977-80.

220. Intervento nella discussione "A proposito di '*The Legal Construction of Personal Work Relations*'" di Mark Friedland e Nicola Kountouris (Oxford University Press, 2011), en *Giornale di diritto del lavoro e relazioni industriali*, n. 138, anno XXXV, 2013, 2, pp. 318-324.

221. "Ricordo di Alfonso Catania, amico e studioso", en Francesco Mancuso, Geminello Preterossi e Antonio Tucci (a cura di), *Le metamorfosi del diritto. Studi in memoria di Alfonso Catania*, Mimesis, Milano-Udine 2013, pp. 31-2.
222. "The Origins of the ISA Research Committee on Sociology of Law. What has been achieved and what has been lost", en *Societas/Communitas, Semi-annual Journal of Institute of Applied Social Sciences, University of Warsaw*, special issue edited by Vittorio Olgiati and Jacek Kurczewski, 1 (15), 2013, pp. 51-56.
223. (con B. Nascimbene e F. Rossi Dal Pozzo), Introduzione a F. Rossi Dal Pozzo e M. C. Reale (a cura di), *La cittadinanza europea*, Giuffrè, Milano, s.d. (ma 2014), pp. IX-XXVII.
224. "Etica del processo. Profili generali", en *Rivista trimestrale di diritto e procedura civile*, 2014, fasc. 2, pag. 471-90.
225. *Funciones del Derecho*, tr. castigliana, di M.J. Añón e J. de Lucas Martín, del vol. *sub* 54 e 61, nuova edizione, Universidad Externado de Colombia, Bogotá 2014, pp. 332.
226. "Derechos humanos. Una perspectiva crítica de la sociología del derecho". Trad. de Laura Noemi Lora. Conferencia pronunciada en el acto de entrega del Doctorado *Honoris Causa* en el XV Congreso Nacional y V Latinoamericano de Sociología Jurídica: "Conflictividad en Latinoamérica: nuevos desafíos jurídicos y sociales para la región". Solange María Delannoy, Adriana Mack, Esteban Luis Franichevich. Volumen de Actas compilado por Solange María Delannoy *et al.* Rosario: Editorial de la Universidad Nacional de Rosario; SASJu, 2014. EBook. ISBN 9789877020854.
227. "Anotaciones sociológicas sobre derecho y comunicación" en *Acto de investidura del grado de doctor honoris*

causa - Vincenzo Ferrari, Universidad de Zaragoza, 21 de noviembre de 2014, Prensas de la Universidad de Zaragoza, 2014, pp. 27-46.

228. *Primera lección de sociología del derecho*. Presentación, traducción e índice analítico de Héctor Fix-Fierro, Instituto de Investigaciones Jurídicas. Edizione castigliana del volume *sub* 203. Universidad Nacional Autónoma de México, México D.F., 2015, pp. XXI+187.
229. "Sociology of Law in the European Civil Law Countries. Some remarks and correspondent proposals", en *Recht der Werkelijkheid. Tijdschrift voor de socialwetenschappelijke bestudering van het recht*, 2015 (36), 1, pp. 42-54.
230. "Clase magistral pronunciada por el profesor Vincenzo Ferrari", Buenos Aires, el 6 de Octubre de 2014, *Academia. Revista sobre enseñanza del derecho*, 2015, año 12, número 24, pp. 393-404 (IISN 1667-4154).
231. "Le magiche giornate di Capraia", en *Sociologia del diritto*, XLII, 2, 2015, pp. 200-203.
232. "Presentazione" del volume di I. Lazzerini, *Terre contese. La convenzione ILO n. 169 in Argentina e in Cile*, Franco Angeli, Milano 2016, pp. 9-10.
233. "André-Jean Arnaud and His Contribution to the Sociology of Law", *Sociologia del diritto*, XLIII, 1, 2016, pp. 183-190. Discorso di commemorazione tenuto all'International Institute for the Sociology of Law, Oñati, 16 marzo 2016. Reproducido en Wanda Capeller, Jacques Commaille et Laura Ortiz (dir.), *Repenser le droit*, Hommage à André-Jean Arnaud, Librairie Générale de Droit et de Jurisprudence, Paris 2019, pp. 135-140.
234. "Crisi del diritto", en *Annali. Università degli Studi del Molise*, 17/2016, Editoriale Scientifica, Napoli 2016, pp. 5-14.

235. "Renato Treves 25 anos depois", traduzione di Aloisio Krohling, en Aloisio Krohling, Carla Faralli, Patrizia Borsellino e Dirce Nazaré de Andrade Ferreira (coord.). *Filosofia do direito. Pensadores italianos e brasileiros*, Juruá, Curitiba, Paraná, 2017, pp. 93-112.

236. "La Corte costituzionale e la famiglia. Innovazione e tradizione", en AA. VV. (Corte costituzionale), *Per i sessanta anni della Corte costituzionale*, Giuffrè, Milano, 2017, pp. 147-164.

237. "Comprensione della società e formazione del giurista e degli operatori del diritto", en Vincenzo Cerulli Irelli e Orlando Roselli (a cura di), *La verifica* in itinere *della formazione. Il progetto di un test delle competenze disciplinari (TECOD) in ambito giuridico*, Edizioni Scientifiche Italiane, Napoli 2017, pp. 57-67.

238. "'Una utopía materializada' – Historia y futuro de la sociología del derecho en el IISJ". Intervista realizzata nel febbraio 2017 da Sophie Hardt, *Oñati Community*, 12 luglio 2017, https://onati.wildapricot.org/blog/4970997, nonché, col titolo "Rechtssoziologische Praxis – das IISL in Oñati als verwirklichte Utopie", en *Rechtswirklichkeit. Das Blog des Berliner Arbeitskreises Rechtswirklichkeit*, https://barblog.hypotheses.org/1753.

239. "Presentazione" del volume di Olimpia G. Loddo, *Ideologie e concetti in azienda. Un'analisi filosofica degli usi aziendali*, Edizioni Scientifiche Italiane, Napoli 2017, pp. XIII-XVII.

240. "L'analyse sociologique du droit face aux changements du début du XXI siècle", en Spirídon Vréllis (dir.), *To prósopo kai i oikogéneia sto díkaio kai tin koinonía – La personne et la famille dans le droit et dans la société*, Ekdoseis Sákkoula, Athina-Thessaloniki 2017, pp. 93-102.

241. "Un'introduzione", en Flora Di Donato e Francesca Scamardella (a cura di), *Il metodo clinico-legale. Radici teoriche e dimensioni pratiche*, Editoriale Scientifica, Napoli 2017, pp. 23-26.
242. "Famiglia e Costituzione". Intervento introduttivo, en *Il processo in materia di diritto di famiglia*, cura redazionale di C. Beria di Argentine, Centro nazionale di prevenzione e difesa sociale, Giuffrè, Milano 2018, pp. 9-15.
243. "Convergenze. Note su *L'invenzione del diritto* di Paolo Grossi", *Sociologia del diritto*, XLIV, 2017, 3, pp. 216-221.
244. "Bisogni e diritto. I limiti dello strumento giuridico". Postfazione al volume di William Chiaromonte e Maria Dolores Ferrara (a cura di), *Bisogni sociali e tecniche di tutela giuslavoristica. Questioni aperte e prospettive future*. Milano: FrancoAngeli, 2018, pp. 217-227.
245. "Derechos humanos: una perspectiva problemática desde la sociología del derecho". Ristampa dell'articolo *sub* 225. En Javier Espinoza de los Monteros (coord.), *Las dimensiones del Estado Constitucional*, José E. Grández Castro Derecho Global Editores S.A. de C.V. México C.P., Naucalpán de Juárez, Estado de México, 2018, pp. 333-354.
246. *Bobbio e il suo mondo* nella lettura di un allievo, en *Rivista internazionale di filosofia del diritto*, serie V, anno XCV, n. 2/3, aprile-settembre 2018, pp. 267-283.
247. "El incierto futuro de los derechos en el trabajo humano", *Trabajo y Derecho*, n. 52/2019, pp. 15-23.
248. "'Ciò che resta'. Le ultime parole di Morris Ghezzi", *Sociologia del diritto*, XLV, 2019, 1, pp. 200-204.

249. "Entrevista a Vincenzo Ferrari", a cargo de Benjamín Rivaya, *Diálogos Jurídicos. Anuario de la Facultad de Derecho de la Universidad de Oviedo*, 2019, 4, pp. 307-331.

250. "El trabajo del futuro: entre utopías positivas y negativas", en *Documentación Laboral. Revista de la Asociación Española de Derecho del Trabajo y de la Seguridad Social*, N. 117, Año 2019, Vol. II, Número especial sobre *El futuro del trabajo que queremos: Un debate global.* Congreso Internacional, Oñati, 10 y 11 de abril de 2019, pp. 39-44 y (con Margarita Ramos Quintana), Presentación, pp. 5-10.

251. "Sociology of Law and Legal Education", en AA.VV., *Μνήμη Θανάση Κ. Παπαχρίστου* (*Mními Thanási Papachrístou*), Ekdoseis Sákkoula, Athina-Thessaloniki 2019, Vol. II, pp. 1935-1956.

252. Intervento nell'Incontro di studio su "Legalità e legittimità nelle democrazie costituzionali", svoltosi l'8 ottobre 2019 nell'Aula Mario Wolf della Sapienza Università di Roma, *Rivista di studi politici*, anno XXXI, luglio-settembre 2019, pp. 50-56.

253. "Functionalist Theory of Law in Norberto Bobbio", en Mortimer Sellers and Stephan Kirste, eds., *Encyclopedia of the Philosophy of Law and Social Philosophy*. Springer, Dordrecht, 2019, https://doi.org/10.1007/978-94-007-6730-0_79-82. – (Ferrari, V. (2023). Bobbio, Norberto: Functionalist Theory of Law. In: Sellers, M., Kirste, S. (eds) Encyclopedia of the Philosophy of Law and Social Philosophy. Springer, Dordrecht. https://doi.org/10.1007/978-94-007-6519-1_79) Paper edition 2023, pp. 309-312.

254. Prefazione al volume di Maria Rita Bartolomei, *Suggestioni postmoderne. Percorsi insoliti di antropologia giuridica*, Aracne, Canterano (Roma) 2020, pp. 9-14.
255. "Ombre sul futuro del lavoro nel Centenario ILO", en *Il futuro del lavoro e i lavori del futuro*. Cura redazionale di Camilla Beria di Argentine, Giuffrè, Milano 2020, pp. 21-25.
256. "Riflettendo su cultura giuridica, identità, Europa". Intervento nella tavola rotonda sul volume di Orlando Roselli (a cura di). *Cultura giuridica e letteratura nella costruzione dell'Europa* (Napoli 2018), en Orlando Roselli (a cura di), *Le arti e la dimensione giuridica*, il Mulino, Bologna 2020, pp. 457-461.
257. "Memorie di Renato Treves", en Carmine De Angelis e Antonino Scalone (a cura di), *Πολιτεία. Liber Amicorum Agostino Carrino*, Mimesis, Milano-Udine 2020, pp. 283-301.
258. "Note socio-giuridiche introduttive per una discussione su diritto, intelligenza artificiale e big data", en *Sociologia del diritto*, XLVII, 2020/3, pp. 9-31.
259. Prefazione al volume di Paolo Sommaggio e Matteo Bovo, *Nuove strategie per la formazione giuridica. Modelli formativi per una educazione giuridica di qualità*, Giappichelli, Torino 2021, pp. XI-XVIII.
260. "Entrevista a Vincenzo Ferrari", a cargo de Nicoletta Ladavac, en *Doxa. Cuadernos de Filosofía del Derecho*, 44, pp. 589-609, 2021. https://doi.org/10.14198/DOXA2021.44.2
261. "1989-2020 - Some of the Changes Occurred in the Socio-legal Field", en *Revista latinoamericana de sociología jurídica*, año 2, n. 3, Septiembre 2021, pp. 22-37, ISSN 2718-6415, en trad. castellana "1989-2020 – Algunos

de los cambios ocurridos en el campo de estudio de la sociología jurídica". Trad. de Priscila Márquez Arias y Victoria Belén Mourenza, *Ivi*, pp. 355-371, con el título "Reflections on Some Major Changes in Socio-legal Theory (1989-2020)" e marginali modifiche, en *Oñati Socio-Legal Studies*, vol. 12, issue S1 (2022), Institutional Memory Lectures 1989-2021 (2022).

262. A Widely Informative Handbook with a Scent of Theoretical Unilateralism. Apropos of Přibáň's handbook on sociology of law, en *Sociologia del diritto*, XLVIII, 2021/3, pp. 175-189.
263. "Sobre el futuro de la Sociología del Derecho" (tr. spagnola di Laura Lora dell'articolo *supra*, n. 215), en Laura Lora (comp.), *Sociología jurídica e infancia*, Eudeba, Buenos Aires 2021, pp. 27-47.
264. (con Laura Lora), "Derecho e interacción social. Orden y conflicto en una democracia que cambia". Interventi al seminario svoltosi presso la Facoltà di diritto dell'Università di Buenos Aires il 29 settembre 2014, con Laura Lora (comp.), *Sociología jurídica e infancia*, Eudeba, Buenos Aires 2021, pp. 49-59.
265. "Diritto e nuove tecnologie della comunicazione", en *Rendiconti dell'Istituto Lombardo-Accademia di Scienze e Lettere* – Classe di Lettere, Scienze Morali e Storiche, Vol. 155, 2021, pp. 13-26.
266. Prefazione al volume a cura di Daniele Velo Dalbrenta, *Invecchiamento della popolazione e passaggi generazionali. I. Questioni critiche*. Napoli, Edizioni Scientifiche Italiane, 2022, pp. VII-XIII. ISBN 978-88-495-4778-8.
267. "Prólogo" al volume di Joxerramon Bengoetxea Caballero, *Diálogos judiciales y autogobierno. Estudio socio-jurídico sobre un epifenómeno de la justicia en Euskadi, en*

España y en Europa, (Vitoria-Gasteiz), Administración de la Comunidad Autónoma de Euskadi - Euskadiko Autonomía Elkarteko Administrazioa, Instituto Vasco de Administración Pública - Herri Ardulararitzaren Euskal Erakundea, s.d. (ma 2022), pp. 9-12. ISBN: 978-84-7777-654-3

268. "Diritto robotizzato? Riflessioni socio-giuridiche sulle nuove tecnologie della comunicazione", en *Annali del Dipartimento giuridico dell'Università del Molise*, Vol. 23, 2022, pp. 3-14. ISBN 978-88-495-5038-2

269. "Riflessioni e inquietudini (quasi)-sociologiche in margine a *Fenomeni di fenomeni* di Amedeo G. Conte. En *Rivista internazionale di filosofia del diritto*, fascicolo 1-2/2022, "Cent'anni di Rivista internazionale di filosofia del diritto", a cura di Alessia Farano e Valerio Mori, pp. 107-135. .

270. "Un rapporto di servitù con mansioni promiscue. Rileggendo *La nomina del cappellan* di Carlo Porta". ISLL Papers Anteprima ISLL Dossier - Le ispirazioni del giurista. Atti del IX Convegno Nazionale ISLL Università del Molise - Campobasso 30/6-1/7 2022, ed. by Alberto Vespaziani e Maria Paola Mittica, 2023, pp. 19. Ripubblicato nel *Cal...endari*, Cenobi Avocatt Lombard, Milan, 2024, XCIII annual de fondazion del C.A.L., pp. 57-81.

271. "Memorie e radici cagliaritane", en G. De Giudici (a cura di), *La Facoltà di Giurisprudenza di Cagliari e l'insegnamento del diritto tra Otto e Novecento. La storia e la memoria.* Atti del Convegno di studi "Uniti nel sapere da 400 anni" (Cagliari, 22-23 Aprile 2021), Edizioni Scientifiche Italiane, Napoli 2023, pp. 203-206.

272. "La pandemia de covid-19 y relaciones laborales: unas hipótesis" - Covid-19 "Pandemic and labour relations: Some hypotheses", en *CEFD-Cuadernos Electrónicos de Filosofía del Derecho*, N. 49 (2023). Número especial en honor de Javier de Lucas, pp. 162-176. ISSN: 1138-9877 | DOI: 10.7203/CEFD.49.26175.
273. Prefazione al volume di Mariella Carrino, *Conflitto sociale e politiche abitative negli Stati Uniti d'America*, Mimesis, Milano-Udine 2024, pp. 9-13.
274. "Dialogando con Morris", en S. Balboni Ghezzi (a cura di), *Diritti di libertà. Ripercorrendo Morris L. Ghezzi*, Mimesis, Milano-Udine 2023, pp. 29-34.
275. "I filosofi e i sociologi del diritto", en R. Clerici e L. Camaldo (a cura di), *I 100 anni della Facoltà di Giurisprudenza*. Versione aggiornata del capitolo del volume *sub* 169. Università degli Studi di Milano – Associazione dei Laureati in Giurisprudenza dell'Università degli Studi di Milano. Giuffrè-Lefebvre, Milano 2024, pp. 36-55.

RESEÑAS DE LIBROS

1. U. Martegani, *Il discorso sulla giustizia*, en *Quaderni di sociologia*, 1966, 2, pp. 212-213.
2. I. Pirastu, *Il banditismo in Sardegna*, en *Biblioteca della libertà*, n. 44/1973, pp. 176-178.
3. M. Cain, *Society and the Policeman's Role*, en *Sociologia del diritto*, I, 1974, 1, pp. 198-199.
4. A. Cottino, *Il mercato delle braccia e il problema dell'efficacia della legge. Considerazioni teorico-empiriche*, en *Sociologia del diritto*, I, 1974, 2, pp. 468-469.

5. V. Denti (a cura di), *Le prove nel processo civile*, en *Sociologia del diritto*, I, 1974, 2, pp. 469-470.
6. R. Fiengo, *Libertà di stampa, anno zero*, en *Sociologia del diritto*, I, 1974, 2, p. 475.
7. P. Ronfani, S. Ricci, *Genitori per decreto*, en *Sociologia del diritto*, I, 1974, 2, pp. 487-488.
8. *Sociología y Psicología Jurídicas*, anno I, n. 1, en *Sociologia del diritto*, I, 1974, 2, pp. 497-498.
9. R. Fiengo, *Libertà di stampa, anno zero*, en *Biblioteca della libertà*, 1974, 52/53, pp. 158-160.
10. P. Ronfani, S. Ricci, *Genitori per decreto*, en *Biblioteca della libertà*, 1974, 62/53, p. 162.
11. M. Cappelletti, *L'educazione del giurista e la riforma dell'Università*, en *Sociologia del diritto*, II, 1975, 1, pp. 193-195.
12. *British Journal of Law and Society*, anno I, n. 2, en *Sociologia del diritto*, II, 1975, 1, pp. 191-193.
13. M. Cavazzuti, *Capitale monopolistico, impresa e istituzioni*, en *Sociologia del diritto*, II, 1975, 1, pp. 195-196.
14. European Committee on Crime Problems, *Penal Aspects of Drug Abuse*, en *Sociologia del diritto*, II, 1975, 2, pp. 485-486.
15. AA. VV., *L'educazione giuridica*, I, *I modelli di università e progetti di riforma*, en *Sociologia del diritto*, III, 1976, 1, pp. 211-213.
16. C. Cardia, *Il diritto di famiglia in Italia*, en *Sociologia del diritto*, III, 1976, 1, pp. 225-227.
17. R. Fletcher (ed.), *The Science of Society and the Unity of Mankind. A Memorial Volume for Morris Ginsberg*, en *Sociologia del diritto*, III, 1976, 1, pp. 232-234.
18. F. Antonicelli, *Resistenza cultura classe operaia*, en *Biblioteca della libertà*, 1975, 59, pp. 152-154.

19. AA. VV., *Délinquance juvénile et développement socio-économique*, en *Sociologia del diritto*, III, 1976, 2, pp. 487-498.
20. R. Guastini, *Marx: dalla filosofia del diritto alla scienza della società*, en *Sociologia del diritto*, III, 1976, 2, pp. 519-522.
21. D. Zolo, *La teoria comunista dell'estinzione dello Stato*, en *Sociologia del diritto*, III, 1976, 2, pp. 555-558; reproducido en castellano en *Crítica Jurídica. Revista Latinoamericana de Política, Filosofía y Derecho*, Universidad Autónoma de Puebla, año 1, n. 1, 1984, pp. 69-71.
22. B. Montanari, *Obiezione di coscienza: un'analisi dei suoi fondamenti etici e politici*, en *Sociologia del diritto*, IV, 1977, 1, pp. 250-251.
23. E. Resta, *Conflitti sociali e giustizia*, en *Sociologia del diritto*, IV, 1977, 1, pp. 255-258.
24. R. Dahrendorf, *La nuova libertà*, en *Sociologia del diritto*, IV, 1977, 2, pp. 493-495.
25. B. Maggi, *Organizzazione, teoria e metodo*, en *Sociologia del diritto*, V, 1978, 1, pp. 222-225.
26. B.M. Blegvad, C.M. Campbell, C.J. Schuyt (eds.), in *European Yearbook in Law and Sociology*, en *Sociologia del diritto*, V, 1978, 2, pp. 480-485.
27. P. Wilkinson, *Terrorism and the Liberal State*, en *Sociologia del diritto*, VI, 1979, 1/2, pp. 328-329.
28. M. Bessone (a cura di), *Sullo stato dell'organizzazione giuridica. Intervista a Giovanni Tarello*, en *Mondo Economico*, 15 dicembre 1979, p. 54.
29. P. Nonet, Ph. Selznick, *Law and Society in Transition. Toward Responsive Law*, en *Sociologia del diritto*, VII, 1980, 1, pp. 194-196.
30. V. Pocar, P. Ronfani, *Per una sociologia del diritto di famiglia in Europa*, en *Sociologia del diritto*, VII, 1980, 1, pp. 196-197.

31. A. Hunt, *The Sociological Movement in Law*, en *Sociologia del diritto*, VII, 1980, 2, pp. 424-425.
32. O. Kahn-Freund, *Labour Relations. Heritage and Adjustment*, en *Sociologia del diritto*, VII, 1980, 3, pp. 201-203.
33. R.J. Simon (ed.), *Research in Law and Sociology*, en *Sociologia del diritto*, VII, 1980, 3, pp. 212-213.
34. M. Freeden, *The New Liberalism. An Ideology of Social Reform*, en *Sociologia del diritto*, VIII, 1981, 2, pp. 154-156.
35. C. Cardia, *La riforma del Concordato*, en *Sociologia del diritto*, VIII, 1981, 3, pp. 145-147.
36. N. Aliprantis, *Les organisations patronales et la justice en matière sociale*, en *Giornale di diritto del lavoro e di relazioni industriali*, 1981.
37. S. Collini, *Liberalism & Sociology. L.T. Hobhouse and Political Argument in England 1880-1914*, en *Sociologia del diritto*, IX, 1982, 1, pp. 175-178.
38. V. Frosini *et al.*, *L'università disintegrata. Una ricerca sulle Facoltà di giurisprudenza e scienze politiche dell'Università di Roma*, en *Sociologia del diritto*, IX, 1982, 1, pp. 179-181.
39. A. Baratta (ed.), *The Impact of Sociology of Law on Government Action*, en *Sociologia del diritto*, IX, 1982, 2, pp. 116-118.
40. A. Manacorda, *Il manicomio giudiziario. Cultura psichiatrica e scienza giuridica nella storia di un'istituzione totale*, en *Sociologia del diritto*, X, 1983, 1, pp. 151-154.
41. *Sociologia urbana e rurale*, anno IV, 1982, n. 9, en *Sociologia del diritto*, X, 1983, 1, pp. 157-158.
42. G. Fassò, *Scritti di filosofia del diritto*, a cura di E. Pattaro, C. Faralli e G.P. Zucchini, en *Sociologia del diritto*, X, 1983, 2, pp. 143-145.
43. R. Treves, *La sociologia del diritto in Italia oggi*, en *Rivista trimestrale di diritto e procedura civile*, XXXVII, 1983, 2.

44. M. Cappelletti, *Giudici legislatori?*, en *Sociologia del diritto*, XI, 1984, 2, pp. 105-107.
45. C. Faralli, E. Pattaro (eds.), *Legal Philosophical Library. Norberto Bobbio: a Bibliography by Carlo Violi*, en *Sociologia del diritto*, XI, 1984, 3, pp. 143-144.
46. R. Cotterrell, *The Sociology of Law. An Introduction*, en *Sociologia del diritto*, XII, 1985, 2, pp. 111-114.
47. *South African Journal of Human Rights*, n. 1, 1985, en *Sociologia del diritto*, XII, 1985, 2, pp. 124-125.
48. V. Aubert, *In Search of Law. Sociological Approaches to Law*, en *Sociologia del diritto*, XII, 1985, 3, pp. 135-136.
49. R. Tomasic, *The Sociology of Law*, en *Sociologia del diritto*, XII, 1985, 3, pp. 146-148.
50. *Revista Crítica de Ciências Sociais*, n. 21, novembre 1986, "Direito em Sociedade", en *Sociologia del diritto*, XIV, 1987, 2, pp. 173-175.
51. *Notizie di Politeia*, inverno 1987, anno 3, n. 7, en *Sociologia del diritto*, XIV, 1987, p. 182.
52. A.-J. Arnaud *et al.*, *Dictionnaire encyclopédique de théorie et de sociologie du droit (Dictionnaire d'Éguilles)*, en *Sociologia del diritto*, XV, 1988, 1, pp. 161-163.
53. E. Lima de Arruda jr., *Advogado e mercado do trabalho. Um ensaio sobre a crise da identidade socio-profissional dos bacharéis em direito no Brasil*, en *Sociologia del diritto*, XV, 1988, 2, pp. 168-170.
54. A. Ardigò, *Per una sociologia oltre il post-moderno*, en *Sociologia del diritto*, XVI, 1989, 2, pp. 149-152.
55. A. Cassese, *I diritti umani nel mondo contemporaneo*, en *Sociologia del diritto*, XVI, 1989, 2, pp. 152-154.
56. United Nations Social Defense Research Institute (UNSDRI), *The Death Penalty. A Bibliographical Research*, en *Sociologia del diritto*, XVI, 1989, 2, pp. 171-172.

57. *I diritti dell'uomo. Cronache e battaglie*, Rivista quadrimestrale, anno 1, n. 1, Roma, en *Sociologia del diritto*, XVIII, 1991, 1, pp. 206-208.
58. S. Engle Merry, *Getting Justice and Getting Even. Legal Consciousness among Working Class Americans*, en *Sociologia del diritto*, XIX, 1992, 1, pp. 134-136.
59. L.M. Friedman, *The Republic of Choice. Law, Authority and Culture*, en *Sociologia del diritto*, XIX, 1992, 1, pp. 156-159.
60. E. Rude-Antoine, *Le mariage maghrébin en France*, en *Sociologia del diritto*, XIX, 1992, 3, pp. 193-194.
61. Y. Dezalay, *Marchands de droit. La restructuration de l'ordre juridique international par les multinationales du droit*, en *Sociologia del diritto*, XX, 1993, 2, pp. 210-213.
62. M. Duverger, *Europe des hommes*, en *Sociologia del diritto*, XXI, 1994, 3, pp. 191-194.
63. R.L. Abel, *Speech and Respect*, en *Sociologia del diritto*, XXII, 1995, 1, pp. 177-180.
64. *European Law Journal. Review of European Law in Context*, vol. 1, issue 1, March 1995, en *Sociologia del diritto*, XXII, 1995, 2, pp. 170-173.
65. E. Fazzalari (a cura di), *La giustizia civile nei paesi comunitari*, en *Sociologia del diritto*, XXII, 1995, 2, pp. 173-175.
66. R.D. Parker, *"Here, the People Rule". A Constitutional Populist Manifesto*, en *Sociologia del diritto*, XXIII, 1996, pp. 185-188.
67. *Jean Carbonnier, Renato Treves et la sociologie du droit. Archéologie d'une discipline*. Entretien et pièces. Présentation et commentaires de Simona Andrini et André-Jean Arnaud, en *Quaderni Fiorentini*, 25, 1996, pp. 494-498.

68. P. Ichino, *Il lavoro e il mercato. Per un diritto del lavoro maggiorenne*, en *Sociologia del diritto*, XXIV, 1997, 3, pp. 196-200.
69. G. Fassò, *Storia della filosofia del diritto* [ed. 2001], en *Sociologia del diritto*, XXVIII, 2001, 2, pp. 193-196.
70. J. Commaille, *Territoires de justice. Une sociologie politique de la carte judiciaire*, en *Sociologia del diritto*, XXVIII, 2001, 3, pp. 202-205.
71. AA. VV., *The Role of the Judiciary in Changing Societies*, en *Sociologia del diritto*, XXIX, 2002, 1, pp. 167-170.
72. G. Doeker-Mach, K.A. Ziegert (eds.), *Law and Legal Culture in Comparative Perspective*, en *Sociologia del diritto*, XXXI, 2004, 3, pp. 199-201.
73. *Journal of Empirical Legal Studies*, 1/3, nov. 2004, en *Sociologia del diritto*, XXXIII, 2006, 1, pp. 207-209.
74. O. Roselli, *La dimensione costituzionale dello sciopero. Lo sciopero come indicatore delle trasformazioni costituzionali*, en *Sociologia del diritto*, XXXIV, 2007, 3, pp. 198-200.
75. L. Capogrossi Colognesi, *Dalla storia di Roma alle origini della società civile*, en *Sociologia del diritto*, XXXV, 2008, 2, pp. 203-206.
76. H. Kelsen, *Scritti autobiografici*, a cura e tr. di M. G. Losano, en *Sociologia del diritto*, XXXV, 2008, 3, pp. 220-222.
77. E. Saada, *Les enfants de la colonie. Les métis de l'Empire français entre sujétion et citoyenneté*, en *Sociologia del diritto*, XXXV, 2008, 3, pp. 226-228.
78. V. Gessner (ed.), *Contractual Certainty in International Trade. Empirical Studies and Theoretical Debates on Institutional Support for Global Economic Exchanges*, en *Sociologia del diritto*, XXXVI, 2009, 3, pp. 218-220.

79. C. Thibierge *et alii*, *La densification normative. Découverte d'un processus* (Paris: Mare & Martin, 2013, 1204 pp.), en *Droit et Société*, 2015, http://ds.hypotheses.org/998.
80. Paul R. Daugherty, H. James Wilson, *Human + Machine. Ripensare il lavoro nell'età dell'intelligenza artificiale*, en *Lavoro Diritti Europa*, 2020/2. https://www.lavorodirittieuropa.it/.

TRADUCCIONES

G. Kalinowski, "Un seminario sui rapporti tra sociologia del diritto e filosofia del diritto", en R. Treves (a cura di), *Nuovi sviluppi della sociologia del diritto*, Ed. Comunità, Milano 1968, pp. 125-138 (dal francese).

R. Dahrendorf, *Intervista sul liberalismo e l'Europa*, Laterza, Roma-Bari 1979, pp. 169 (dall'inglese).

M. Ginsberg, *La giustizia nella società*, Giuffrè, Milano 1981 (dall'inglese).

D. Kalogeropoulos, "La convenzione internazionale contro ogni discriminazione verso le donne", en *Sociologia del diritto*, XVI, 1989, 1, e nel vol. *sub* 59, pp. 71-79 (dal francese).

J. Kurczewski, "Resurrezione dei diritti in Polonia", en *Sociologia del diritto*, XVI, 1989, 1, e nel vol. *sub* 59, pp. 81-99 (dall'inglese).

A. Podgórecki, "Verso una sociologia dei diritti dell'uomo", en *Sociologia del diritto*, XVI, 1989, 1, e nel vol. *sub* 59, pp. 131-145 (dall'inglese).

B. de Sousa Santos, "Diritto e società nella transizione post-moderna. Per un nuovo senso comune giuridico", in *Sociologia del diritto*, XVII, 1990, 3, pp. 5-34 (dal portoghese).

L.M. Friedman, "Per una sociologia del diritto transnazionale", en *Sociologia del diritto*, XX, 1993, 1, pp. 39-60 (dall'inglese).

Saïd Amir Arjomand, "Modernità, tradizione e la riforma sci'ita nell'Iran contemporaneo", en *Sociologia del diritto*, XXVIII, 2001, 2, pp. 99-114 (dall'inglese).

J.F. Glastra Van Loon, "Europa: quale futuro per l'umanità?", en *Sociologia del diritto*, XXXI, 2004, 3, pp. 173-180 (dall'inglese).

VARIA

Edición de la sección "Documentación" de la revista *Sociologia del diritto*

III, 1976, 2, pp. 565-599
IV, 1977, 1, pp. 277-294
IV, 1977, 2, pp. 543-565
V, 1978, 1, pp. 253-270
V, 1978, 2, pp. 529-545
VI, 1979, 1/2, pp. 344-366
VII, 1980, 3, pp. 229-248
VIII, 1981, 3, pp. 177-202
IX, 1982, 2, pp. 131-151
X, 1983, 2, pp. 159-181
XI, 1984, 2, pp. 123-152
XII, 1985, 2, pp. 131-158
XIII, 1986, 1, pp. 119-139
XIV, 1987, 2, pp. 181-190
XV, 1988, 2, pp. 175-194
XVI, 2, 1989, pp. 177-184

Editor del volumen, R. Dahrendorf, *Intervista sul liberalismo e l'Europa*, Laterza, Roma-Bari 1979, pp. 170. Traduzioni: *Der Liberalismus und Europa*, Piper & Co., München-Zürich 1980, pp. 150; *El nuevo liberalismo*, Editorial Tecnos, Madrid 1982, pp. 149; *O liberalismo e a Europa*, Editora da Universidade de Brasília, Brasília 1982, pp. 84.

Editado por el Departamento de Publicaciones
de la Universidad Externado de Colombia
en agosto de 2024

Se compuso en caracteres Weiss de 10 puntos
y se imprimió sobre papel bond de 70 gramos, con
un tiraje de 1.000 ejemplares

Post tenebras spero lucem

Made in the USA
Monee, IL
18 October 2026

66035236R00083